Nur ein paar Stündchen

*Nix wie raus, ganz schnell ins Grüne.
Auch mit wenig Zeit lässt sich Großartiges
erleben. Kleine und große Abenteuer
warten direkt vor der Haustür.*

4 H

Raus für einen Tag

*Man muss nicht das Land verlassen, um
neue Welten zu entdecken. Einfach mal
einen Tag lang raus aus dem Alltagsallerlei
und rein in die Natur.*

12 H

Ferien für ein Wochenende

*Warum auf die große Auszeit warten, wenn
man einen Wochenendtrip in der Nähe
machen kann? Vergnügen, Abenteuer und
Wohlgefühl kompakt und intensiv.*

36 H

LIEBE LESERIN, LIEBER LESER.

im Herzen Europas liegt eine prall gefüllte Schatztruhe. Mosel, Saar und Hunsrück – das bedeutet für mich Zuhause. Heimweh. Wiederkommen. Outdoorspielplatz. Urlaub. Und jede Menge Lieblingsplätze. Für eine gelungene Entdeckungsreise braucht es nicht viel: ein wenig Zeit. Lust auf Neues. Und einen anderen Blickwinkel auf Bekanntes.

Aktive können in die Pedale treten oder durch tiefe Schluchten, geschwungene Flusstäler, steile Weinberge und üppige Wälder streifen. Ob beim Paddeln auf dem See oder beim Entspannen am Ufer, es ist an der Zeit, tief durchzuatmen und vor der eigenen Haustür Kraft zu tanken. Draußensein ist Lebenszeit. Ab nach draußen!

Viele wunderbare Eskapaden zwischen Mosel, Saar und Hunsrück wünscht Ihnen, dir und euch

Sanja Nas

PS: Informationen zum GPX-Download gibt's auf Seite 224.

AUSZEIT. ABENTEUER.
LEBENSFREUDE.

1. KAPITEL
ABSTECHER

So ROMANTISCH!

GRENZENLOS
RADELN

UNTERIRDISCHE
SCHATZTRUHE

#1
#2
#3
#20
#18
#17
#16
#12
#4 #9
#7
#19 #5
#14
#11
#10
#6 #13
#15
#8

Nur ein paar Stündchen

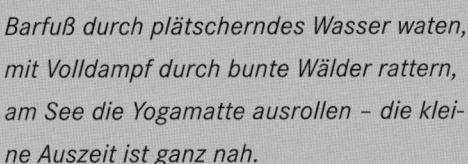

Barfuß durch plätscherndes Wasser waten, mit Volldampf durch bunte Wälder rattern, am See die Yogamatte ausrollen – die kleine Auszeit ist ganz nah.

AUF ZUR MÄRCHEN-BURG

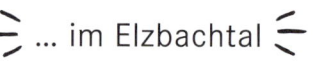 ... im Elzbachtal

 Türmchen, Erker, Giebel und rote Fensterläden sind das perfekte Fotomotiv. Da gerät man ins Schwärmen. Die Burg Eltz ist kein Geheimtipp. Doch wer im Winter durch das wildromantische Elzbachtal streift, hat diese märchenhafte Kulisse (fast) ganz für sich allein.

#Burgromantik #Märchenmotiv #ohneTrubel #Spaziergang

Wie aus dem Bilderbuch! Burg Eltz liegt versteckt im Wald, nur einen Spaziergang von der Mosel entfernt.

→ ABSTECHER...

Noch trägt das Elzbachtal die Handschrift des Winters. Brauntöne bestimmen das Ufer des plätschernden Baches. Kupferfarbene Laubblätter halten sich vereinzelt an Ästen in der Luft fest. Christrosen stehen im Unterholz am Waldweg in voller Blüte. Doch Grasteppiche und hellgrünes Moos verkünden bereits den nahenden Frühling.

Verschiedene Wege führen zur Burg Eltz. Viele von ihnen starten in der Eifel. Diese Wande-

rung beginnt an der Mosel und führt durch ein charmantes Seitental des Flusses. Los geht's ohne Auto direkt am Bahnhof Moselkern. Der Beschilderung hinter der Friedhofskapelle zur Burg Eltz folgen. Durch den Ortskern, an der Eisenbahnunterführung vorbei und nach rechts am Elzbach entlang.

Nach einer halben Stunde markiert die Ringelsteiner Mühle den Einstieg ins Naturschutzgebiet Elzter Wald. Über ein paar unebene

11

Stufen, felsigen Untergrund und Baumwurzeln führt der Pfad ein kleines Stück taleinwärts – willkommen im Märchenwald. Weiter geht's parallel zum Bach, später bei leichter Steigung bergauf durch hochstämmigen Tannenwald vorbei an vereinzelten Felsen.

Nach 40 Minuten Fußweg zeigen sich die Spitzen, Mauern und kleinen Fenster der intakten mittelalterlichen Burg. Wer sich der Burg nähert, versteht schnell, warum sie als eine der besterhaltenen Burgen Deutschlands seit Jahrhunderten solch eine Faszination ausübt.

Nur noch den Bach über einen Steg überqueren, am Fuße der Burg entlang und dann über Steinstufen hinauf zum Portal. Von November bis April ist die Burg für Besucher zwar nicht geöffnet. Dafür nimmt man einfach auf einer Holzbank Platz und konzentriert sich auf die zahlreichen architektonischen Details.

Bunte Fähnchen wehen auf den spitzen Türmen. Mattschwarz schimmern die Dächer im Sonnenschein. Weiße Erker, einige davon mit spätgotischen Fenstern und andere mit rotem Fachwerk. Und dann ist da noch ein wirklich Furcht einflößender Wasserspeier in Form eines Drachen. Ja, genau so stellt man sich eine Ritterburg im Märchen vor.

Wer die Kulisse fotografisch, im Gedächtnis oder auf der Kamera festgehalten hat, tritt den Rückweg an, der auf derselben Strecke wie der Hinweg verläuft. Aufwärmen kann man sich am besten bei heißer Schoki, Kaffee und Kuchen in der Ringelsteiner Mühle (www. ringelsteiner-muehle.de).

Leuchtende Augenschmeichler: Spaziergängern fallen im Frühjahr quietschgrüne Moose und lilafarbener Lerchensporn am Wegesrand auf.

Tipp: Von Mai bis Oktober verbindet ein Bus die Burgen Eltz und Pyrmont. Der Ausflug lässt sich zu einer ausgiebigen Eskapade verlängern. Entweder den Wanderbeschilderungen 10 Kilometer bergauf in Richtung Eifel folgen. Oder bequem zur Burg Pyrmont fahren und dann entspannt wieder hinabwandern zum Ausgangpunkt dieser Eskapade.

Hin & weg: Mit dem Zug bis zum Bahnhof Moselkern, dann zu Fuß weiter. Kommt man mit dem Auto, empfiehlt sich der kostenpflichtige Wanderparkplatz an der Ringelsteiner Mühle.

Beste Zeit: Ganzjährig. Burgführungen täglich von April bis November. Im Winter angenehm ruhig.

Dauer & Strecke: 2–3 Std. Rundweg ca. 8 km ab Bahnhof Moselkern.

Ausrüstung: Feste Schuhe und wettergemäße Kleidung.

FAZIT: EIN PAAR MÄRCHENHAFTE STUNDEN GENIEßEN. BESONDERS SCHÖN IM WINTER!

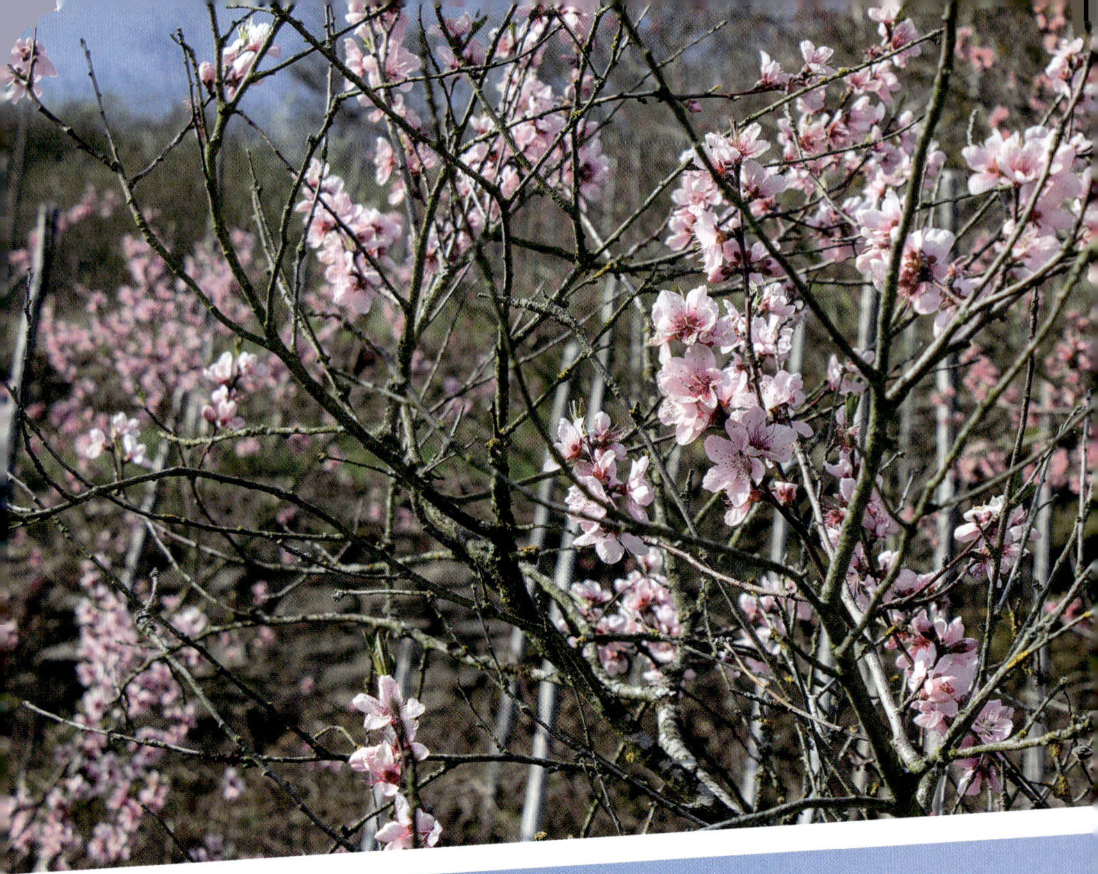

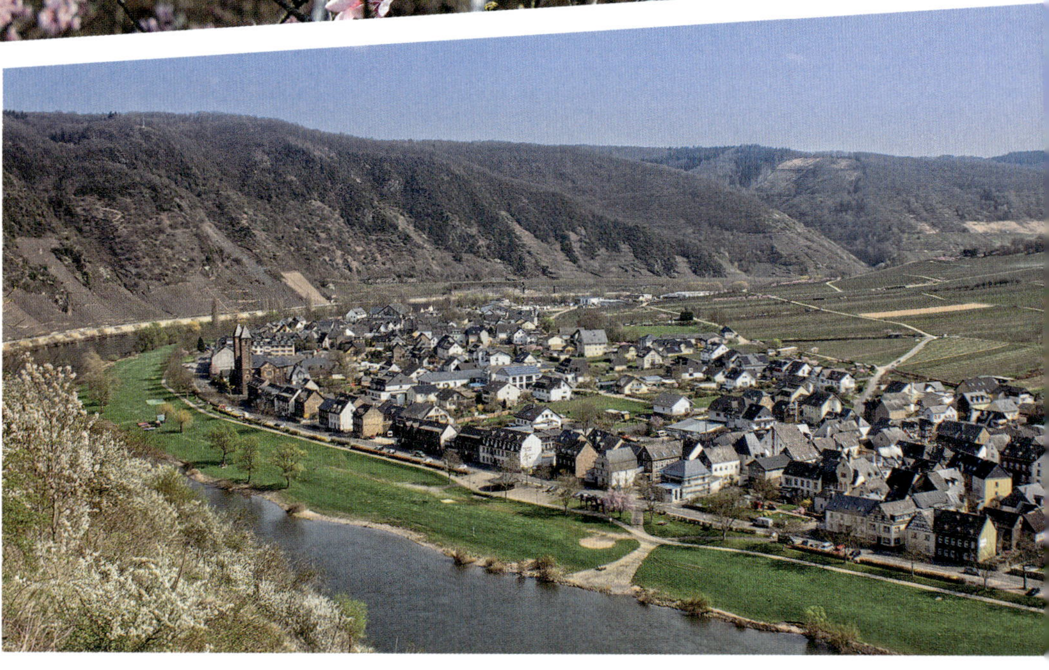

ABTAUCHEN IM BLÜTENMEER

≥ ... in Valwig an der Mosel ≤

#2

Wanderschuhe schnüren und ab durch die Weinberge! Die Wärme der Sonnenstrahlen genießen, kleinen Frühlingsboten beim Blühen zusehen und das gemächliche Treiben im Moseltal beobachten: Im Frühling ist ein Abstecher an die Mosel besonders schön und der Auftakt zu einer wunderbaren Wandersaison.

Strahlend blauer Himmel, frühsommerliche Temperaturen – die perfekte Zeit, um im Weinberg den Grundstein für die nächste Ernte zu legen

am Wegesrand, wo es sich rasten, verschnaufen und Sonne tanken lässt.

Wärmeliebhaber kommen im Frühling hierher. Mildes Klima, wolkenfreier Himmel und pastellige Farbkleckse vertreiben die Erinnerung an trübe Wintertage. In der ansonsten kargen Landschaft stechen die rosa Blüten des Weinbergpfirsichs kräftig hervor. Sie läuten den Frühling ein und machen Lust, viel Zeit draußen zu verbringen.

In den Weinbergen biegen und formen flinke Hände die Austriebe der blattlosen Pflanzen. Erstaunlich, dass man an einem solchen Steilhang nicht hinunterkullert. Da muss jeder Tritt sitzen. Schmetterlinge flattern entlang der Terrassen und Steinmauern. Bienen schwirren fleißig von Blüte zu Blüte und summen vor sich hin. Binnenschiff und Radfahrer kurven im Tal von Flussschleife zu Flussschleife. Von der Schönen Aussicht aus lässt sich das gemächliche Treiben prima beobachten.

Uiuiui, ist das warm! Könnte am Aufstieg liegen. Steil und felsig geht es vom Ortskern Valwig zwischen Fachwerkhäusern hinauf durch die Weinberge und Wälder zur Kreuzkapelle. Zum Glück stehen immer wieder Holzbänke

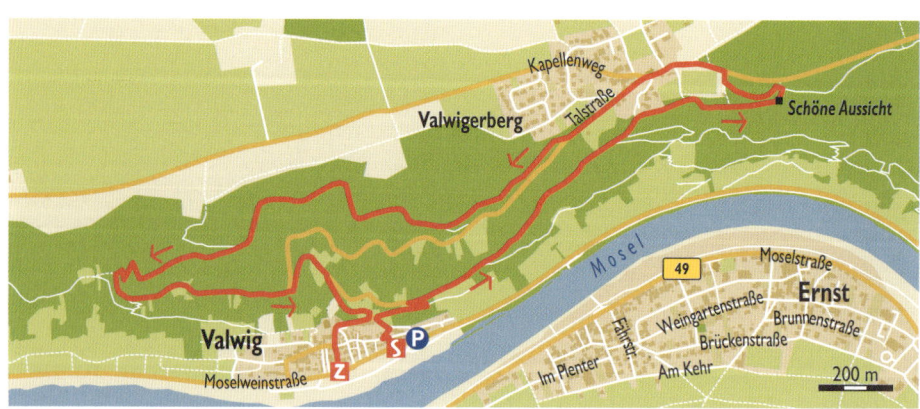

Es geht steil bergauf, vorbei an üppig blühenden Sträuchern. Könnte die erste Wanderung nach der Winterpause schöner sein? Wohl kaum!

Dann geht's von den Weinbergen durch den Ortsteil Valwiger Berg hinunter in den Wald. Hier wachsen Hainbuchen, Traubeneichen und – wilder Buchsbaum. Sein natürliches Habitat liegt in Südeuropa, Nordafrika, im Kaukasus und Himalaja. Doch auch an Mittel- und Untermosel fühlt er sich pudelwohl.

Zum Schluss noch ein Andenken mitnehmen (Betriebe unter www.moselweinbergpfirsich.de). Roh ist das pelzige Steinobst einfach ungenießbar. Als Likör, Marmelade, Chutney, Essig oder Senf schenkt der Weinbergpfirsich jedoch täglich Gaumenfreuden und erinnert an den sonnigen Frühlingausflug.

Tipp: Von Mitte Juni bis Mitte Juli flattert der seltene Apollofalter mit seinen rot gefüllten Ringen und schwarzen Flecken auf den Flügeln durch die Steilhänge – mit etwas Glück direkt vor der Nase fleißiger Wanderer.

> **FAZIT: DURCHS BLÜTENMEER WANDERN VERTREIBT DIE WINTERGEISTER. ZARTE FRÜHLINGSBOTSCHAFTER BETÖREN AUGE UND GEMÜT.**

Hin & weg: Valwig liegt 3,5 km von Cochem entfernt. Die Strecke kann man bequem mit der Buslinie 716, mit dem Rad oder zu Fuß zurücklegen. Mit dem Auto über die Moselweinstraße L98.

Beste Zeit: Frühling–Herbst. Im Sommer wird's sehr heiß in den Weinbergen.

Dauer & Strecken: 2-3 Std. Rundweg ca. 6 km.

Ausrüstung: Wanderschuhe, Hut bei Sonnenschein, Proviant.

IN ALLER FRÜHE

 ... zur Burg Thurant an der Mosel

#3

Raus aus den warmen Federn, auf zum morgendlichen Frühjahrsspaziergang. Wer das schafft, erlebt den Start in den Tag völlig neu. Amsel, Blaumeise und Rotkehlchen begleiten Frühaufsteher musikalisch auf dem Weg zur Burg. Wach und voller Glücksgefühle stellt man fest: Heute ist alles möglich!

#Burgromantik #früheVögel #SpaziergistinsGlück

Guten Morgen! Oben am Portal zur Thurant angekommen, sind Glieder und Geist hellwach.

→ ABSTECHER ...

Zugegeben, morgens um halb sechs sehnen sich die steifen Glieder unter die warme Bettdecke zurück. Die Augenlider blinzeln, erst träge, dann schneller, und schließlich finden sie den richtigen Rhythmus im Morgengrauen. Nach ein paar Metern draußen auf wackeligen Beinen schlägt sie zu. Eiskalt wie der Sprung in einen Bergsee: eine herrliche Frische!

In Alken an der Mosel führt diese Eskapade in Serpentinen zunächst an Schrebergärten vorbei. Grünkohl, gelbe Narzissen und emporragende Lauchzwiebeln trotzen den noch winterlichen Temperaturen in der Nacht. Mit Raureif bepuderte Blätter und Grashalme säumen den Weg. Jeder Schritt führt näher heran an die auf einem Bergsporn aus Schiefer thronende Doppelburg Thurant. Rund 100 Höhenmeter geht's bergauf – das wärmt und kurbelt den Puls mächtig an.

Ein Güterzug rattert durchs Flusstal, ansonsten ist es ruhig. Bis es anfängt zu bimmeln. Erst zaghaft, dann hastiger. »Mäh!«, blöken Geiß und Ziegenbock. So früh rechnen sie wohl nicht mit Besuch.

Es gilt, ein paarmal die Straße zu überqueren, dann geht's schnaubend weiter nach oben, Schritt für Schritt durch die Weinberge. Der

Frühaufsteher unter sich: Bimmelnde Glocken und ein zickiges »Mäh«, dazu das Zwitschern der Vögel im Wald, verraten, wer schon alles auf den Beinen ist.

Weg ist teilweise nur zwei Fuß breit und führt hinein in den dunklen Wald. Dort trällert, pfeift und zwitschert es. Beneidenswert! Vögel brauchen keinen Wecker, sie folgen ihrer inneren Uhr und dem Sonnenaufgang. Gartenrotschwanz und Rauchschwalbe zählen zu den Frühaufstehern. Sie beginnen bis zu 80 Minuten vor dem Sonnenaufgang mit ihrem Konzert. Stieglitz und Star sind eher Langschläfer. Erst eine Stunde nach den anderen ertönt auch ihr Gesang.

Puh – geschafft! Oben auf der Holzbrücke angekommen, bleibt das Tor in den Innenhof der Burg Thurant (www.thurant.de) zunächst verschlossen. Es öffnet sich für Besucher erst um 10 Uhr. Dafür ist der Blick hinab ins Flusstal mit dem aufsteigenden Morgennebel sensationell. Schemenhaft zeichnen sich die Umrisse der Eifel ab. Den Ausblick genießen, wie es die Übernachtungsgäste auf der Burg vermutlich auch gerade tun. Tee aus der Thermoskanne wärmt, Frühstück wartet unten im Dorf oder, für alle, die über Nacht geblieben sind, in der Unterkunft. Das Gutshaus Weingut Fries bietet nicht nur eine fantastische Sicht auf die Burg, sondern auch ein richtig leckeres Frühstück aus regionalen Produkten und eine Schänke für den Abend (www.wein gutfries.eu).

Hinter der Burg durch ein Waldstück zum »Gipfelkreuz« und auf kürzestem Weg durch die Weinberge. Achtung: Auf Schiefer rutscht man leicht. Beim Hinuntersteigen etwas in die Knie gehen, das macht es leichter. Auf dem Weg schon mal Pläne schmieden. Der Tag ist noch lang und alles drin.

Tipp: Mit Smartphone-Apps lassen sich Vogel-stimmen ganz leicht bestimmen.

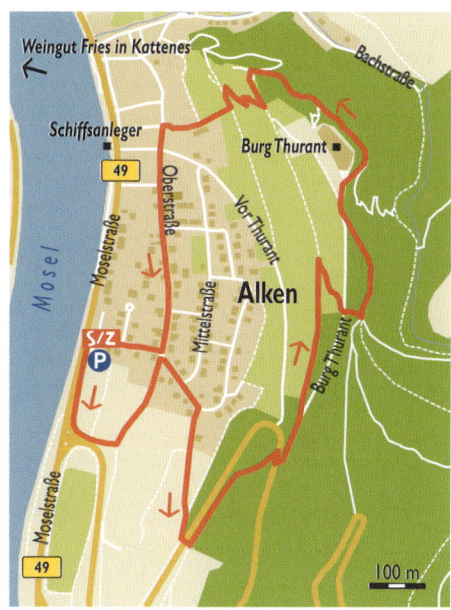

Hin & weg: So früh am Morgen mit dem Auto zum Parkplatz an der B49. Die Moselsteig-Etappe 22 führt von Löf an der Burg vorbei nach Kobern-Gondorf.

Beste Zeit: März–Dezember. Der Vogelgesang ist am schönsten zur Balz.

Dauer & Strecke: 2 Std. Rund 3,7 km zu Fuß.

Ausrüstung: Feste Schuhe, warme Kleidung, Thermoskanne mit Lieblingsgetränk, Vogelbe-stimmungs-App fürs Smartphone.

ZU GAST BEI DEN FELLNASEN

>‐ … im Wildpark Weiskirchen ‐<

#4 *Während der Hochwald noch Winterschlaf hält, verkünden die leuchtend gelben Blüten der Forsythien den Frühling. Zeit, um beim Nachwuchs im Wildpark vorbei-zuschauen, den Wisents und Auerochsen einen Besuch abzustatten und zum ersten Mal im Jahr zu wandern.*

Nichts zu meckern: Die Klettersaison lässt zwar noch ein Weilchen auf sich warten, dafür ist der tierische Nachwuchs putzmunter.

Egal ob heimisch oder zugezogen, meckernd oder grunzend. Die Bewohner des Wild- und Wanderparks am Fuße des Hochwalds sind einfach liebenswert. Geöffnet ist der kostenfreie, neun Hektar große Gehegepark an 365 Tagen im Jahr bis Sonnenuntergang. Genügend Zeit, um auf federndem Waldboden auf Beobachtungstour zu gehen, Rotwild, Auerochsen und Wisente zu beobachten und den Nachwuchs zu begrüßen.

Geglückter Perspektivwechsel: mal vom Aussichtsturm ins Gehege luken, mal entspannt die Beine hochlegen und lauschen.

Am Anfang des Parks gibt es ein Informationszentrum, wo Interessierte mehr über den Lebensraum Wald erfahren. Zwischen Saar und Hunsrück streift auf leisen Pfoten die scheue Wildkatze. Die nachtaktive Jägerin bei einem Spaziergang zu sehen ist unwahrscheinlich. Auf einem interaktiven Rundweg erfährt man dafür allerhand über den unzähmbaren Waldbewohner und sein Jagdrevier. Wer dem Themenweg weiter folgt, streift zunächst die Rotwildgehege. Dabei wandert man auf einem schmalen Waldweg hinein in einen dichten Tannenwald. Wenig Licht dringt vom Himmel durch die Baumspitzen. Am Boden rangeln Baumwurzeln um jeden Zentimeter Platz – Vorsicht, nicht stolpern. Pilze, Moose und Glücksklee fühlen sich im Unterholz pudelwohl und bilden eine perfekte Symbiose.

Auf halber Strecke liegt ein Aussichtsturm, von dem aus man das weitläufige Wisentgehege überblickt. Ein Fernglas hilft, die sanften Riesen zu erspähen. Oder man folgt dem U-förmigen Weg zum Futterplatz der Riesenrinder. Entweder hier in der überdachten Wanderhütte zur Brotzeit greifen oder zur geschwungenen Bank weiterwandern.

Der Rundweg führt an einem kostenpflichtigen Kletterpark (www.kletterpark-weiskirchen.de) vorbei. Wer sich traut, hangelt sich über Seile, Brücken und Netze von Plattform zu Plattform. Am Ende des Rundgangs warten hellbraune Przewalski-Pferde und weiß-schwarz-braun gefleckte Ziegen. Am Gehege der Auerochsen und einem großen Spielplatz endet diese Eskapade. Oder auch bei einer wärmenden Suppe in der Wildpark-Alm (www.wildparkalm.de).

FAZIT: EIN AUSFLUGSZIEL FÜR DIE GANZE FAMILIE. ZUM KLETTERN, WANDERN UND TIEREBEOBACHTEN – EINFACH SCHÖN.

Hin & weg: Am besten mit dem Auto aus Weiskirchen über die L151 zum Wanderparkplatz Zwei-Täler-Weg. Zu Fuß von Weiskirchen über den Saar-Hunsrück-Steig (ca. 45 Min. leicht bergauf).

Beste Zeit: Ganzjährig.

Dauer & Strecke: 2–3 Stunden mit Pausen (mit Abstecher in den Kletterpark 1–3 Std. länger). Ca. 5 km.

Ausrüstung: Feste Schuhe und wettergemäße Kleidung, Fernglas, Geld für die Spendendose.

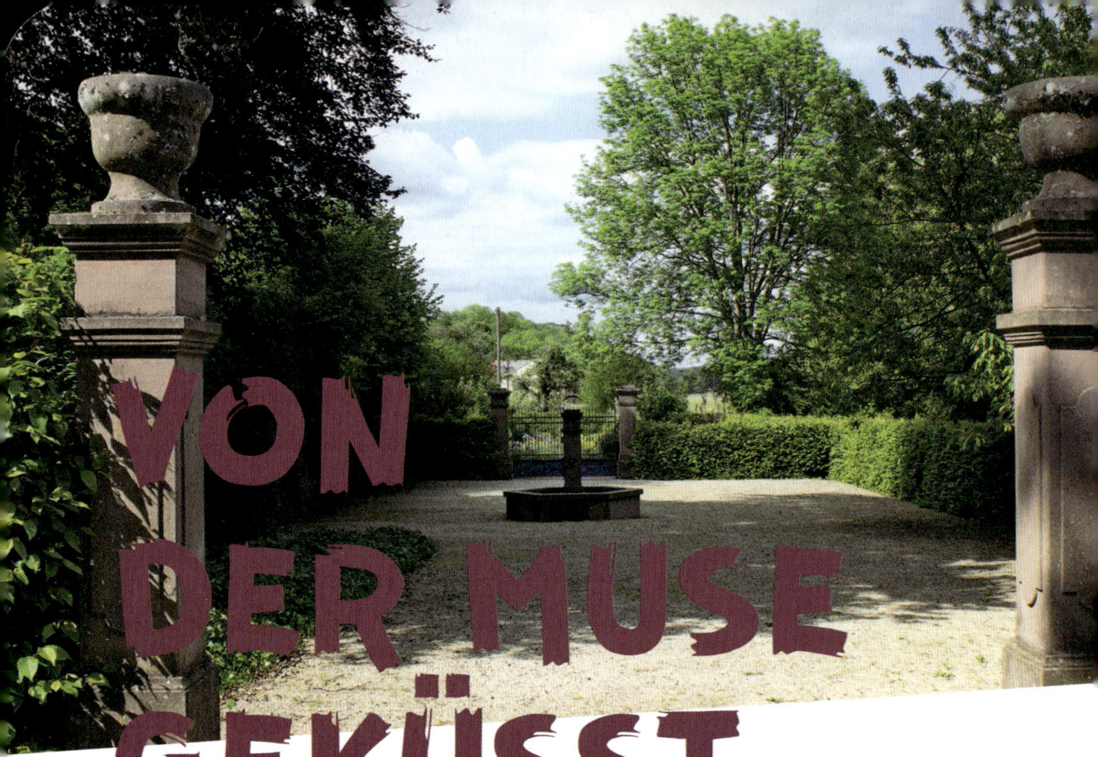

VON DER MUSE GEKÜSST

... im Schlossgarten Dagstuhl in Wadern

#5

Am Rande des Löstertals im saarländischen Hochwald liegt, versteckt vor neugierigen Blicken, ein Ort wie aus einem Gemälde. Ob der Schlossgarten der Malergräfin Octavie gefallen hätte? Er bietet jedenfalls eine betörende Auszeit zwischen bildschönen Pflanzen.

#GaertenohneGrenzen #Inspirationsort #Farbkleckse #Müßiggang

Kugelige Schönheiten: Die lilafarbenen
Zwiebelblüten sind kleine Kunstwerke.

Drei Steinstufen führen hinab. Beige Kieselsteine auf dem breiten Gehweg knirschen und
bremsen jeden hastigen Schritt abrupt ab.
Eine akkurat geschnittene Hecke leitet Besucher geradeaus. Auf der rechten Seite flankie-
ren Obstbäume den Weg zum »versteckten«
Garten. Um den sechseckigen Brunnen auf
halbem Weg zu passieren, ist ein Ausweich-
manöver nötig. Wenn der Gartenarchitekt
plante, Besucher entspannt und ohne Eile am
zweiflügligen Gittertor zu empfangen, dann ist
ihm das gelungen.

Die schwere Eisentür, gehalten von manns-
hohen eckigen Sandsteinpfeilern, knarzt beim
Öffnen. Der Übergang vom schwammigen
Kieselstein zum glatten Klinkerstein irritiert
ein wenig. Doch dann steht man mittendrin
im barocken Schlossgarten Dagstuhl in Wadern, betört von intensivem Hellrot, Dunkel-
grün, Fliederblau, Zitronengelb und dem Duft
nach Sommer.

Der viereckige Garten ist symmetrisch ange-
legt, eingerahmt von einer Hainbuchenhecke.
Typische Eigenschaften barocker Gartenkunst, wie feste Strukturen und klare Linien,
prägen die zwei Ebenen der Gartenanlage.
Vier große Quadrate fassen vier kleine Quadrate ein. Duftender Lavendel zieht summende
Bienen und Schmetterlinge an. In der Mitte
jedes Quadrats thront ein Pflanzobelisk. Im

Sanft geschwungene Wege führen durch den blühenden Garten. Nur ein kurzer Anstieg durch den Wald, schon ist man auf Burg Dagstuhl.

Laufe des Sommers ranken sich daran Rosen und Clematis den wärmenden Sonnenstrahlen entgegen.

Wer möchte, nimmt nun Platz auf einer der Holzbänke und holt Skizzenheft, Blei- und Buntstift hervor. Der Garten ist ein schöner Ort, um sich im Freilichtmalen zu üben. Bereits Octavie de Lassalle von Louisenthal, bekannt als Malergräfin, dokumentierte die Gartenkunst des auf der anderen Straßenseite gelegenen Schlosses.

Zu sehen ist das künstlerische Können der Malerin in der Schlosskapelle. Putten, Blumenkränze, biblische Szenen entspringen ihrem Pinsel. Rechter Hand führt ein schmaler Trampelpfad den Berghang hinauf, an einem Grillplatz vorbei zur Burgruine Dagstuhl.

Gelbe Tafeln informieren über das Leben auf der dreihundert Meter langen Hochburg mit Wallanlagen. Sie geben Anekdoten über das bewegte Leben der 1811 geborenen Künstlerin preis, die sich hier oben in ihrem Malerhäuschen Inspiration erhoffte.

Der Rundweg führt von der Burg über eine Holzrampe hinab in den Wald. Der Waldweg endet an einer Straße mit Parkplätzen. Wer sich rechts hält und dem schmalen Kreuzweg parallel zur Straße folgt, gelangt zurück zum Schlossgarten am Fuße des Burgbergs.

Tipp: Der Schlossgarten ist Teil eines grenzüberschreitenden Netzwerks von kleinen und großen Gärten im Saarland, in Rheinland-Pfalz, Lothringen und Luxemburg (mehr unter www.gaerten-ohne-grenzen.de).

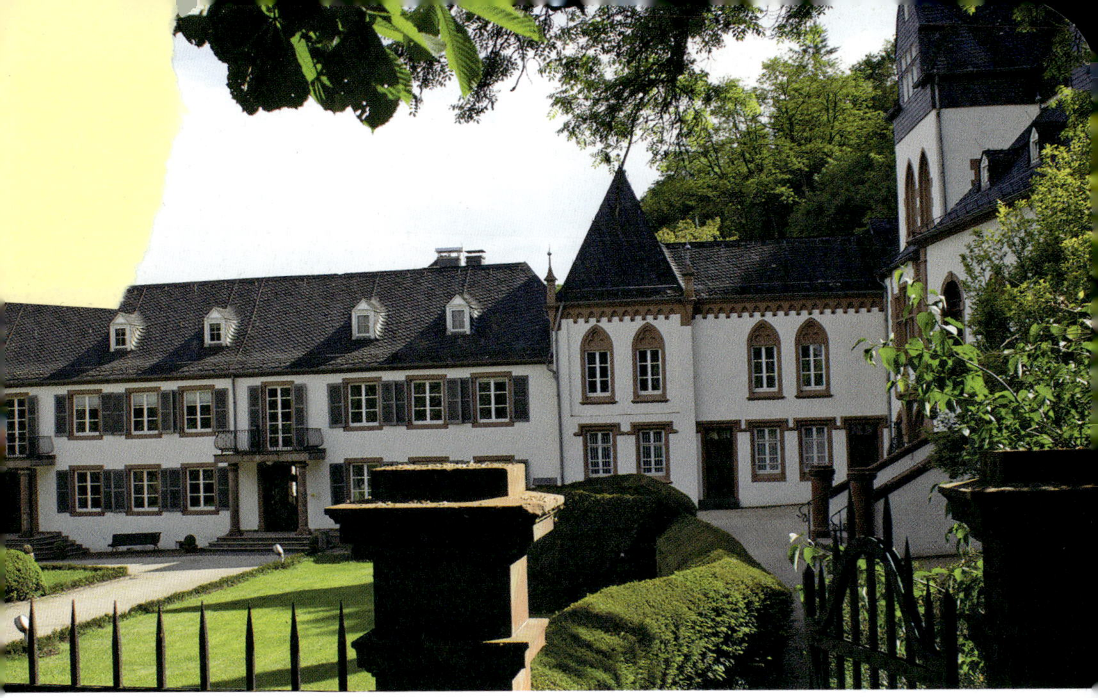

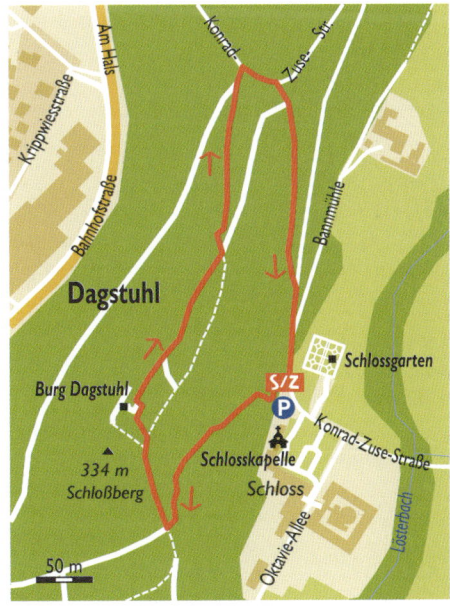

Dem Schlossgarten gegenüber liegt die Schlossanlage. Unbedingt einen Blick in die Schlosskapelle werfen!

FAZIT: DER BAROCKGARTEN BETÖRT DIE SINNE. ER LÄDT ZUM VERWEILEN, NICHTSTUN UND KREATIVSEIN EIN.

Hin & weg: Mit dem Auto über die L148 bis nach Dagstuhl fahren. Vor dem Ortseingang Lockweiler links abbiegen. Burg, Schloss und Schlossgarten sind ausgeschildert. Parkplätze stehen zur Verfügung. Der Eintritt ist frei. Ein behindertengerechter Zugang zum Garten ist vorhanden. Hunde sind im Garten nicht erlaubt.

Beste Zeit: Juni–August bieten ein Feuerwerk der Farben und Düfte.

Dauer & Strecke: 1–2 Std. für den ca. 1,5 km langen Rundweg.

Ausrüstung: Muße, Kamera, Skizzenheft. Festes Schuhwerk für den Rundweg und Proviant für die Pausen.

FEDERN ZÄHLEN

 ... am Dillinger See

 **#6**

Auf dem ehemaligen Saar-Altarm geht es bunt zu. Naturfreunde und Fotografen beobachten mehr als 130 Vogelarten in Dillingen an der Saar. Zwischen Autobahn, Fluss und Stadt finden Amphibien und Insekten Schutz- und Ruhezonen. Exotische Nager aus Südamerika gastieren an einem Weiher.

Ein »Ökosee« direkt an einer Autobahn? In einer Hüttenstadt mit rauchenden Hochöfen und glühendem Stahl? Ja, am Rande von Dillingen befindet sich ein Vogelparadies und Naherholungsgebiet in einer ehemaligen Auenlandschaft. Dahin geht's!

Von der Autobahn kommend, links abbiegen, den Wagen parken und am Kinderspielplatz vorbei hinab zur Saar spazieren. Ein Schild markiert den Start des 3,6 Kilometer langen barrierefreien Rundwanderwegs durch das Vogelschutzgebiet. Verschiedene Enten- und Gänsearten ziehen ihre Bahnen. Spähende Kormorane wittern Beute. Reiher waten am Ufer durchs Wasser. Von einem vier Meter hohen Holzturm aus lässt sich das Treiben gut ins Visier nehmen, am besten in der Dämmerung. Lediglich die im Rücken liegende Auto-

bahn trübt das Naturerlebnis. Die Seebewohner scheinen sich an den vorbeisausenden Gefährten jedoch nicht zu stören. Warum es also nicht mit ihnen halten? Motorenlärm ausblenden, Augen auf und Federn zählen.

Schwäne haben weiße Federn und einen gelben Schnabel. Das ist leicht. Kanadagänse haben einen schwarzen Schnabel, Kopf und Hals ziert ein weißes Kinnband. Weiße und braune Federn schmücken den Körper, zudem sind sie recht groß und damit ebenfalls leicht zu erkennen. Besser getarnt und ziemlich flink ist die Schwanzmeise. Von ihren 14 Zentimetern Körperlänge bilden neun Zentimeter den schwarz gefiederten Schwanz. Der schillernde Star am See ist der orangebraun-türkisblaue Eisvogel. Die Unterseite seines Körpers ist übrigens kaum von einem Baumstamm zu unterscheiden, beim Flug über den See verschmilzt er mit der Wasseroberfläche. Etwas Glück braucht es schon, den gedrungenen Fischjäger mit geradem Schnabel auszumachen. Und Geduld, Beharrlichkeit und am besten ein gutes Fernglas und Versteck.

Am anderen Ufer liegt ein Beobachtungshügel, das Pendant zum Beobachtungsturm. Sitzbänke am Wegesrand laden zum Platznehmen ein. Leidenschaftliche Vogelbeobachter verweilen regungslos im Unterholz, in Tarnfarben gekleidet. Pst! Stören unerwünscht.

Am Weiher In den Steinen warten weitere Exoten. Zwar ohne Federn, dafür mit orangefarbenen Nagezähnen und Schwimmhäuten an den Hinterfüßen. Die aus Südamerika

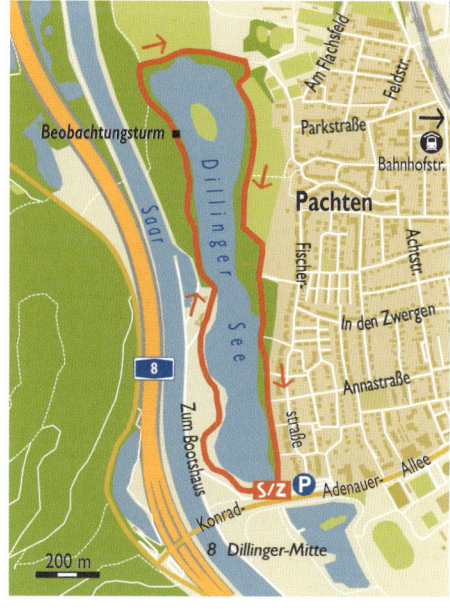

Frau Kanadagans dreht eine Runde mit dem Nachwuchs. Der Dillinger See liegt auf einer der Nord-Süd-Zugvogel-routen und bietet zahlreichen Vogelarten Rastplätze.

stammenden Nutrias, Sumpfbiber, fühlen sich hier genau wie Sing- und Zugvögel pudelwohl.

> **FAZIT: EIN PARADIES FÜR (HOBBY)ORNI-THOLOGEN UND NATURFOTOGRAFEN. BESONDERS IM HERBST UND FRÜHJAHR, WENN ZUGVÖGEL HIER RASTEN.**

Hin & weg: Über die A8 und L355 nach Dillingen-Mitte, der Ökosee ist ausgeschildert. Parkplätze stehen zur Verfügung. Der Bahnhof Dillingen ist 3 km entfernt, der See liegt im Stadtteil Pachten.

Beste Zeit: Ganzjährig. Vogelbeobachtung am besten im Frühling und Herbst.

Dauer & Strecke: 2–3 Std. Rundweg ca. 4 km.

Ausrüstung: Fernglas, ggf. Kamera, wettergemäße Kleidung.

BARFUß INS GLÜCK

 ... in Waldhölzbach

 # 7

Schuhe aus, Socken aus – und ab auf den Barfußpfad. Über Kieselsteine, Sand, Matsch und einen Bachlauf mit eiskaltem Wasser quer durch den Wald. Zuerst pikst es, doch dann tut es richtig gut. Eine natürliche Fußmassage, der man nicht widerstehen kann.

#blankziehen #Fußreflexzonenmassage #WellnessfürdieFüße #Zehenglück

Zuerst piekst es, dann lockern sich die angespannten Fußmuskeln. Wellness mal anders!

Huch, ist das glitschig! Gar nicht so einfach, Halt auf den runden Steinen im Bachlauf zu finden. Lieber am Handlauf festhalten, um sachte durchs eiskalte Wasser zu stelzen. Da sind spitze und runde Steine, Tannenzapfen, Stöckchen, Rindenmulch, Gras. Die Füße gewöhnen sich an die verschiedenen Untergrundarten – an manche schneller, an manche langsamer. Auf jeden Fall lieben sie die neue Freiheit.

Los geht's hinter der Pension Forellenhof, vorbei am Biergarten. Am Start die Schuhe ins Holzregal stellen oder beim ersten Mal doch lieber mitnehmen, falls es zu anstrengend wird. Dann über feuchte Grashalme, die

ersten spitzen Steinchen und eine Holzbrücke in den Wald starten. Die erste Übung lässt nicht lange auf sich warten. Wie kommt man galant an Brennnesseln vorbei? Ein Tipp aus Erfahrung: ab auf die Zehenspitzen und im Storchenschritt weiter.

Acht verschiedene Elemente massieren angespannte Füße auf dem Barfußpfad. Der Kopf konzentriert sich ganz auf seine neue Aufgabe und wird dabei herrlich frei. Beim Balancieren über einen Holzstamm spielen alle Sinne mit. Fiel das als Kind leichter, oder dachte man einfach weniger nach? Vögel zwitschern, Wasser plätschert, Laubblätter rascheln. Balsam für die Seele. Und total gesund. Wer regelmäßig die Schuhe an den Nagel hängt, stärkt das Immunsystem, wird gelenkiger und geht aufrechter.

Der Rundweg ist 1,7 Kilometer lang. Auf halber Strecke liegt ein Weiher mit einer Holzhütte. Auf den bequemen Stühlen aus Laubholz mit hoher Rückenlehne und breiten Armlehnen lässt sich gut ein Päuschen einlegen. Wunderbar, wie das frisch gemähte Gras hier duftet. Und so schön weich!

Anstatt Gänseblümchen zu pflücken und einen Blumenkranz zu binden, einfach mal mit den Zehenspitzen sanft über die weiß-gelben Köpfchen streicheln. Oder versuchen, einen Kieselstein mit den Zehen aufzuheben. Wanderer in klobigen Stiefeln stapfen am Teich entlang. Ob sie eine Ahnung davon haben, was ihnen entgeht?

Bei ausreichend Regen am Vortag kann man sich am Ende des Pfads im Matsch einsinken

Schuhe abstreifen, und los geht's über sanftes Gras, durch ein klirrend kaltes Flussbett und über warme Holzstege. Bei einer »Unten-ohne«-Wanderung werden alle Sinne aktiviert.

lassen. Auch ohne Meer fühlt sich das an wie eine schlammig-schöne Wattwanderung. So ein natürliches Peeling für die Füße hat eine Menge positiver Nebenwirkungen, und das völlig kostenfrei. Einfach klasse!

FAZIT: IM WALD DURCH KLARES WASSER WATEN UND MIT DEN FÜßEN FÜHLEN.

Hin & weg: Mit dem Auto über die L373 nach Waldhölzbach. Ausgeschilderte Parkplätze im Ortskern. Der Barfußpfad ist hinter dem Forellenhof (www.forellenhofwaldhölzbach.de) in der Waldhölzbacher Straße. Links am Forellenhof vorbei, dem Waldweg ein paar Meter folgen. Die Flussbrücke mit Fuß-Logo markiert den Start.

Beste Zeit: Mai–Oktober.

Dauer & Strecke: Für den 1,7 km langen Rundweg gut 1 Stunde einplanen. Kostenfrei!

Ausrüstung: Handtuch für die Füße. Ein kleiner Rucksack, wenn man die Schuhe nicht im Holzregal abstellen möchte.

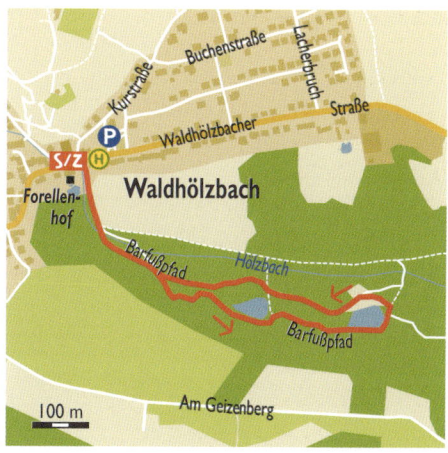

FUNKELNDE SCHATZ-KAMMER

... die Edelsteinminen in Idar-Oberstein

Durch das große Gittertor geht es hinein ins dunkel-feuchte Stollenlabyrinth im Steinkaulenberg, hinab in eine glitzernde Märchenwelt am Rande des Nationalparks Hunsrück-Hochwald in Idar-Oberstein. Unter Tage im schummrigen Licht herrscht eine schaurig-schöne Stimmung in Europas einziger für Besucher zugänglicher Edelsteinmine.

Bis so ein Edelstein tragbar ist, muss er zuerst einmal aufgespürt und abgetragen werden, danach wird geschliffen und poliert.

Mine nicht so niedrig wie zu Zeiten des aktiven Abbaus, als sich »Schatzsucher« mit Pickel und Schaufel sitzend, hockend oder kniend einen Weg durchs Muttergestein gruben.

Ab dem 15. Jahrhundert suchten Bergleute in Idar-Oberstein nach Kostbarkeiten wie rotem Achat, Bergkristall, Rauchquarz, Amethyst und dem seltenen grünen Jaspis. Um die aus Gasblasen entstandenen Edelsteine im Vulkangestein zu erkennen, dienten Petrollampen als Lichtquelle. Pro Jahr trug ein Grubenarbeiter einen Meter Fels ab – ohne Garantie, überhaupt einen Schatz zu bergen. Seit 1875 liegt die Mine brach. Importierte Rohstoffe aus Brasilien sind günstiger und halten die Edelsteinindustrie in Idar-Oberstein lebendig.

Es tropft von oben auf den Sicherheitshelm. Jeden Schritt auf dem glatten Boden mit Bedacht setzen. Der 400 Meter lange barrierearme Rundweg schlängelt sich an massiven Felsbrocken vorbei. An manchen Stellen heißt es: Kopf einziehen! Dabei sind die Decken der

Kinder und ihre Begleiter stellen ihr Gespür für funkelnde Schätze über Tage unter Beweis. Schürffelder werden täglich mit Mineralien und Edelsteinen aus aller Welt bestückt. Im Edelsteincamp, auf den ehemaligen Ab-

Unter den Blumenteppichen am Stadtrand von Idar-Oberstein liegen Schätze aus Stein vergraben, zum Beispiel violett funkelnder Amethyst.

raumhalden des Steinkaulenbergs, kommen Pickel und Schaufel zum Einsatz.

Der Fußweg zurück zum Parkplatz führt wie der Hinweg durch ein Waldstück über einen Lehrpfad, der die Geologie der Saar-Hunsrück-Region thematisiert. Die Jahrmillionen alten Gesteinsblöcke am Wegesrand, wie Sedimente, Vulkanite, Schiefer oder Quarzite, erscheinen in anderem Licht. Ob darin weitere Schätze verborgen sind?

Tipp: Erst der richtige Schliff macht einen Stein wertvoll. Wer mehr Zeit mitbringt, besucht am Idarbach die letzte mit Wasserrad angetriebene Achatschleifmühle, die Historische Weiherschleife und anschließend das Deutsche Mineralienmuseum unterhalb der berühmten Felsenkirche im Stadtzentrum von Idar-Oberstein.

> **FAZIT: EDELSTEINE VERZAUBERN MENSCHEN SEIT URZEITEN. HIER WIRD MAN SELBST ZUM SCHATZSUCHER.**

Hin & weg: Mit dem Auto über die B41 nach/aus Idar-Oberstein in die Saarstraße, bergauf an der Kaserne vorbei, Richtung Zentralfriedhof. Die Edelsteinmine ist ausgeschildert (Im Stäbel). Parkplätze stehen zur Verfügung.

Beste Zeit: Mitte März bis Mitte November. Ein Besuch ist nur mit Führung möglich (www.edelsteinminen-idar-oberstein.de).

Dauer & Strecke: Die Führung dauert etwa 45 Min., der Weg vom Parkplatz zur Mine etwa 10 Min. (mit Steigungen). Ein 15 km hügeliger Rundwanderweg verbindet Mine, Schleiferei und Stadtzentrum.

Ausrüstung: Warme Kleidung, auch im Sommer etwas zum Überziehen. Feste Schuhe für die Schatzsucher und Sonnenschutz.

AB AUF DIE ALM

 ... in Wadrill

Sommerfrische lässt sich im Hochwald auf 528 Meter Höhe genießen. Durch schattigen Wald, vorbei an malerischen Bachläufen und einer Burg, führt diese Eskapade zu einer urigen Blockhütte. Unterwegs sorgt ein »Weinfässchen« für willkommene Erfrischung.

#Almhütte #Sommerglück #Weitblick

Baumwipfel eignen sich an heißen Sommertagen hervorragend als Sonnenschirme.

→ ABSTECHER

Gegenüber der Harteichhütte in Wadrill startet dieser Rundwanderweg. Von der schmalen Autostraße zweigt rechts der Gehweg ab und führt sanft hinab in Schatten spendenden Wald. Zwischen himmelwärts ragenden Tannen gibt eine Lücke den Blick auf den Hunsrück frei.

Nach rund 600 Metern führt hinter einer Rechtskurve ein schmaler Waldpfad durch den Hahnenbruch hinab ins malerische Wadrilltal. Dort angekommen, geht es links herum, dem Bachlauf der Wadrill folgend, weiter.

Zunächst noch parallel zur Landstraße, dann langsam bergauf zur Hochwaldalm. Schmale Wege werden zeitweise zu Einbahnstraßen. Sie lassen maximal Platz für einen Wanderer. Abenteuer pur!

Inmitten dieser lieblichen Landschaft fanden auf der Grimburg einst zahlreiche Hexenprozesse statt. Wer mehr über die Geschichte der Burg erfahren möchte, kann einen kleinen Abstecher unternehmen und überquert hierfür die Wadrill über eine kleine Fußgängerbrücke. Einfach den Schildern zur Burgruine

Im Hochwald geht es munter auf und ab, immer am plätschernden Fluss entlang. Die letzten Meter zur Alm bringen den Puls auf Trab – gut, dass unterwegs das Weinfässchen für Erfrischung sorgt.

hinauf auf den bewaldeten Bergsporn folgen. Der Weg führt in einer Schleife am Grimburger Hof, einem Gasthaus mit Einkehrmöglichkeit und Biergarten im Sommer (www.grim burger-hof.de), vorbei zurück zum Ausgangspunkt dieser Tour.

Unmerklich verläuft die Wegstrecke auf der Landesgrenze zwischen Saarland und Rheinland-Pfalz weiter. Höhenmeter um Höhenmeter schraubt sich der Weg hinauf durch das romantische Lautenbachtal gen Almhütte. Die Füße tragen einen tapfer durch Mischwald, über Schieferpassagen und durch Matsch. Da kommt das erfrischende »Weinfässchen« gerade recht.

Das Brünnlein kommt ganz ohne Promille aus. Einfach beherzt mit beiden Händen kaltes, sprudelndes Wasser abschöpfen und das Ge-

sicht eintauchen. Kurz vor dem höchsten Punkt dieser Eskapade tut das ziemlich gut.

Wenige Hundert Meter fehlen noch bis zum Erreichen des Hochplateaus. Die herrliche Aussicht auf die Alm, die Almwiesen und das nördliche Saarland belohnt den steilen Anstieg. Der perfekte Zeitpunkt, um auf der geschwungenen Bank Platz zu nehmen und die mitgebrachte Brotzeit zu verzehren. Oder gleich weiterspazieren, die Wiesen hinab, vorbei durch das Viehgatter zur Alm. Hier lockt eine ausgiebige Rast im Biergarten mit kühlen Getränken und zünftigen Speisen (bitte vorab informieren, es gab kürzlich einen Pächterwechsel, der mit einer vorübergehenden Schließung einherging).

Von der Alm geht es auf einem Weg von einem Kilometer Länge durch den Wald zurück zum

Ausgangspunkt. Zunächst ein Stück auf dem Saar-Hunsrück-Steig weiterlaufen, über die Landstraße bergab durch Fichtenbestand. An der Weggabelung rechts einbiegen und dem breiten Waldweg zurück zum Parkplatz an der Harteichhütte folgen. Nach insgesamt rund sieben Kilometer Strecke und Almglück auf 528 Meter Höhe endet dieser Abstecher, wo er begonnen hat.

Hin & weg: Über die Landstraße L 365 nach Wadrill. Auf der Hochwaldstraße und der Straße Zur Alm zur Harteichhütte. Kostenfreie Parkplätze sind ausgeschildert.

Beste Zeit: März–Oktober.

Dauer & Strecke: 2–3 Std. mit Brotzeit. Rundweg ca. 7 km.

Ausrüstung: Wanderschuhe, wettergemäße Kleidung, Tagesrucksack mit ausreichend Proviant für die Pausen.

> **FAZIT: TROTZ AUFSTIEG TOTAL ERFRISCHENDE TOUR! IDEAL, UM DER SOMMERHITZE IM TAL ZU ENTFLIEHEN.**

INS GRÜNE RADELN

 ... durchs Niedtal

#10

Entspannter lässt es sich nicht radeln. Dem lauschigen Flusslauf der Nied folgen und unbemerkt im Zickzack auf Ländergrenzen in die Pedale treten. Zwischendurch unter Obstbäumen ein Nickerchen machen und dem Plätschern des Wassers lauschen. Herrlich!

#grenzenlosgrün #einfachlosradeln #Flussliebe

Bonjour, Filou! Der französische Wauzi flirtet, und Niedaltdorf zeigt sich in der Sonne von seiner besonders charmanten Seite.

Los geht die Tour am Waldparkplatz an der Niedmündung. Mit Bahn und Bike zum Bahnhof Beckingen fahren. Von dort durch den Saargarten, am Leuchtturm vorbei, über die Brücke nach Rehlingen radeln. Auf den Saarland-Radweg wechseln und am Fluss nach Norden fahren. Links, unter der Autobahnbrücke hindurch, bis zum Startpunkt. Die Landstraße überqueren und dem grünen Niedtal-Logo folgen. Am Campingplatz (www.campingplatz-siersburg.de) vorbei und weiter nach Hemmersdorf und Niedaltdorf. Den sanften Schwüngen der Nied auf dem Asphaltweg folgen. Von Deutschland nach Frankreich, durch Wiesen, Talauen und Wälder, immer am Fluss entlang. An heißen Sommertagen am Fluss entspannen oder, bei passendem Wasserstand, auf dem Fluss: Gummiboot aufblasen, an geeigneter Stelle zu Wasser lassen und lospaddeln.

Die Wackenmühle (www.wackenmuehle.eu) nutzt seit einigen Hundert Jahren die Kraft des Wassers – früher für Mehl, heute für Strom. E-Bikes laden kostenlos grüne Energie an der Ladestation neben dem Eingang des Restaurants. Auf der Sommerterrasse mit Blick auf den Miniwasserfall lässt man es sich schmecken, sonnt sich auf der Wiese neben der lauschigen Strandbar oder fährt eine Runde Tretboot.

Zurück aufs Rad und hinter der Mühle erst mal bergauf. Kräftig strampeln und in die Kurven legen. Ein E-Bike ist nicht nötig. Ein Hollandrad tut es auch, zur Not im ersten Gang. Gleich geschafft. Praktisch, so eine Holzbank im Schatten. Ein laues Lüftchen lässt die Schweißperlen auf der Stirn schnell trocknen. Und dann dieser Weitblick über den Saargau. Fantastisch! Er zieht sich in Form von Hügeln

Savoir-vivre bedeutet, auch mal alle viere von sich zu strecken, zum Beispiel in einer Streuobstwiese, bevor es zurück auf den Sattel geht.

und Wellen, Getreidefeldern, Streuobstwiesen und Wäldern sanft durch die Landschaft. Niedaltdorf liegt direkt an der deutsch-französischen Grenze. Eine feuchte Fellnase tapst neugierig über den Acker. »Salut, ça va?« oder lieber »Hallo, wie geht's?« »Wuff!«, lautet die international verständliche Antwort des bezaubernden Golden Retrievers.

Typisch für diese Region sind historische Bauernhäuser mit Stall, Scheune und Wohnhaus unter einem Dach. Das Bistro Bagatelle (www.bistro-bagatelle.de) ist ein solches Lothringerhaus. Draußen im Biergarten sitzt man herrlich zwischen blühenden Rosensträuchern und mediterranen Pflanzen.

Zurück geht es an der Niedschleife, abwechselnd auf deutscher und französischer Seite, durch den Naturpark Saar-Hunsrück, vorbei am Heimatmuseum in Hemmersdorf nach Siersburg und Rehlingen.

Tipp: Im idyllischen Flusstal ruhig Zeit verbummeln. Am besten ein Nickerchen unter Apfelbäumen einlegen und die Rückkehr in den hektischen Alltag hinauszögern.

Hin & weg: Mit dem Zug nach Beckingen (Saar) oder mit dem Auto nach Rehlingen-Siersburg über die L170 bis zum Wanderparkplatz an der Niedmündung. Mit dem Rad ist der Start über den Saarland-Radweg von Norden und Süden erreichbar.

Beste Zeit: Frühling–Herbst.

Dauer & Strecke: 2–3 Std. auf dem Rad. 23 km.

Ausrüstung: Rad, das auch Steigungen meistert.

FAZIT: DIE NIED HAT EINES DER SCHÖNSTEN FLUSSTÄLER DER REGION. DA SCHWINGEN SICH AUCH BEWEGUNGSMUFFEL AUFS RAD.

EIN KORB VOLL GLÜCK

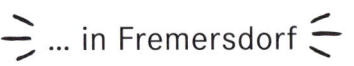 … in Fremersdorf

 #11

Leuchtend rot, saftig süß, herrlich duftend –
Erdbeeren schmecken nach Sommer.
Egal ob pur, mit Sahne, Vanilleeis, als
Püree oder eingekocht als Marmelade.
Man muss sie einfach lieben! Zudem
schütten Erdbeeren Glückshormone aus.
Doppeltes Glück erfährt, wer sie eigen-
händig frisch vom Feld pflückt.

#Erdbeerliebe #Glücksbringer #huschinsKörbchen #Spaghettieiskuchen

Leckere Früchtchen: Nur die knall-
roten landen im Körbchen. Oder doch
gleich im Mund?

Aus Rehlingen-Siersburg kommend, unmittel-
bar hinter dem Ortseingangsschild von Fremersdorf, steht ein weiß-rot-grün bemalter
Bauwagen mit der Aufschrift »erdbeerland«.
Dem asphaltierten Weg durch Getreidefelder
folgen. Schon von Weitem zu sehen: parkende
Autos, gebückte und kniende Glückssucher in
den Erdbeerfeldern.

Die Glückskörbe idealerweise selber mitbringen oder für geringes Entgelt am roten Holz-
haus einen der Körbe mit einem Fassungsver-
mögen von bis zu zehn Kilogramm kaufen.
Mitgebrachte Behälter wiegen, dann beginnt
die muntere Suche nach den schönsten
Früchten im Selbstpflückfeld.

Die Erdbeerpflanzen reihen sich wie Perlen an
einer Kette aneinander. Pflanze neben Pflanze

über mehrere Hundert Meter. Dazwischen
positionieren sich Familien mit Kindern,
Paare, Großeltern mit Enkeln, Mütter und
Töchter, Söhne und Väter, Freunde und sons-
tige Schleckermäuler.

Echte Genießer lassen sich auf dem Stroh
zwischen den Erdbeerpflanzen nieder. Abwechselnd wandert eine Frucht ins Körbchen,
die nächste in den Mund. Ein zufriedenes
Grinsen bestätigt: Das schmeckt köstlich!
Das Stroh liegt hier übrigens nicht für die Pflü-
ckenden, sondern schützt reifende Beeren vor
Schmutz und Infektionen.

Bei den Profis sitzt jeder Handgriff. Ihr Revier
liegt hinten in den Feldern, wo die Königin der
Beeren prall und leuchtend an den grünen
Rosengewächsen hängt. Routiniert zupfen sie

Vom Feld direkt auf den Teller. Frische Erdbeeren sollten am besten pflückfrisch verputzt werden.

Frucht um Frucht. Schwuppdiwupp, ist der Eimer randvoll. Neben ihrem herrlich süßen Geschmack darf sich die Erdbeere getrost als Heilpflanze betiteln. Verzehrer ernten strahlende Haut, glänzende Haare und schöne Zähne. Das kalorienarme Früchtchen versprüht zudem jede Menge gute Laune. Also, ab ins Feld und den Korb mit roten Glücksbringern vollpacken.

Rezept für Spaghettieiskuchen
(mind. 4 Stunden Kühlzeit)

Für den Boden: 1 Packung (100 g) Löffelbiskuits in einer Auflaufform verteilen und mit 10 EL Milch beträufeln.

Für die »Spaghetti«: 60 g Puderzucker, 500 g Magerquark (alternativ: 250 g Magerquark, 225 g Mascarpone), 225 g Sahne,

steif geschlagen, 1 Päckchen Bourbon-Vanillezucker, 50 ml Milch und 1 Päckchen Sahnesteif in einer Schüssel zu einer homogenen Masse verrühren. Diese Creme dann entweder löffelweise auf den Biskuitboden streichen oder für den Spaghetti-Look durch eine Kartoffel-/Spätzlepresse geben. Das Ganze mindestens eine Stunde lang in den Kühlschrank stellen.

Für die Erdbeersoße: 300 g frische Erdbeeren pürieren, aufkochen und nach Packungsanleitung mit pflanzlichem Geliermittel verbinden. Einen gehäuften EL Zucker einrühren, dann die Masse in eine Schüssel umfüllen und zunächst 30 Minuten bei Zimmertemperatur abkühlen lassen. Anschließend für etwa eine Stunde in den Kühlschrank stellen, bis das Püree vollständig erkaltet ist.

Liebevoll ausgesucht und handverlesen: So viele Vitamine machen einfach glücklich!

Danach das Püree vorsichtig auf den Eis-spaghetti verteilen. Dann für mindestens vier Stunden zurück in den Kühlschrank stellen, am besten über Nacht.

Zum Schluss weiße Schoki als »Parmesan« darüberraspeln, auf den Löffel schaufeln und ab in den Mund!

Hin & weg: Aus Rehlingen-Siersburg kommend über L170/Herrenstraße. Zwischen Rehlingen und Fremersdorf nach einem bemalten Bauwagen mit großer Erdbeere Ausschau halten.

Beste Zeit: Ende Mai bis Mitte Juli (Standorte, Öffnungs- und Saisonzeiten unter www.erdbeer landernst.de).

Dauer: 3–4 Std., inkl. Kuchenzubereitung (ohne Kühlzeit).

Ausrüstung: Schale/Korb zum Pflücken (oder vor Ort kaufen). Zutaten wie im Rezept beschrieben.

FAZIT: VON DER HAND IN DEN MUND – SELBST GEPFLÜCKT SCHMECKT'S EINFACH SO VIEL BESSER!

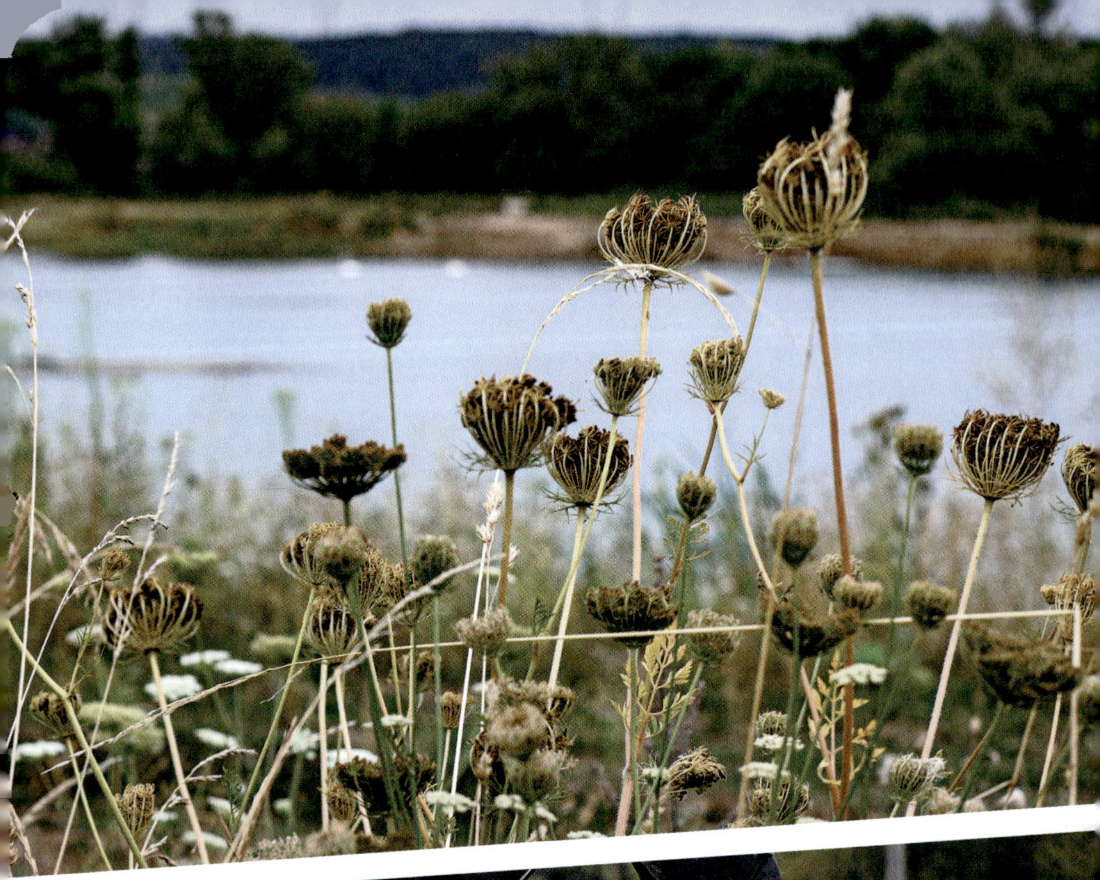

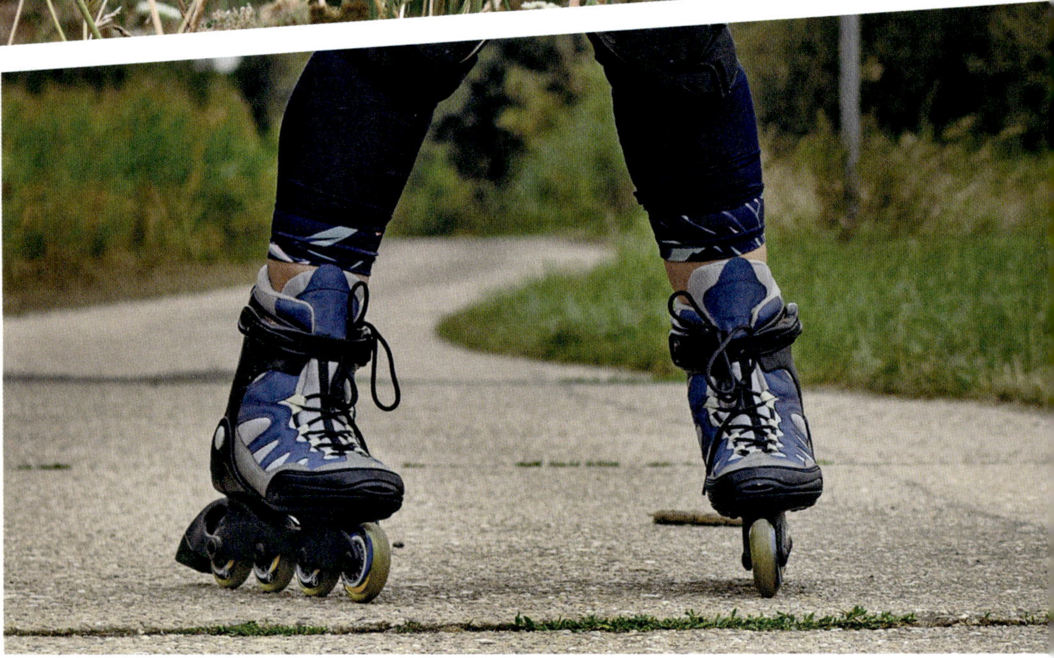

DURCH DIE AUEN GLEITEN

⋛ ... bei Nennig an der Mosel ⋚

#12

Lust, dynamisch durch die vielfältige Flusslandschaft zu gelangen und eine rasante Alternative zum Joggen und Walken auszuprobieren? Dann heißt es: Inlineskates anschnallen und den Mosel-Radweg im Dreiländereck Deutschland-Frankreich-Luxemburg als Übungsterrain nutzen. Nebeneffekt? Ein herrlich freier Kopf!

#Auenland #Inliner #imSchlittschuhschritt #Vogelbeobachtung

Die perfekte Kulisse für eine entspannte Runde an der frischen Luft.

Schnürsenkel binden. Schnallen festzurren. Und ritsch, ratsch – die Handgelenkschützer sitzen. Los geht es am Ortsausgang Nennig, gleich unter der deutsch-luxemburgischen Moselbrücke. Zunächst die Parzellen des Campingplatzes passieren und geradeaus an den mit Wasser gefüllten Kiesgruben vorbeifahren. Auf der Mosel schippern Motorboote flussauf-, Ausflugsschiffe flussabwärts. Zwischen Mosel und asphaltiertem Radweg liegt ein mit Algenblüten überzogenes Stillgewässer. Mama und Papa Schwan ziehen mit ihrem Küken Bahnen. Eine schwimmende Plattform dient ihnen als Brut- und Mauserplatz.

Mit Wind im Haar und gefundenem Gleichgewicht braust man über den Asphalt. Mit jedem zurückgelegten Meter kehrt die Grazie zurück. Keine Sorge, auch wer Rollen länger abstinent war: Das ist wie Radfahren, verlernt

man nicht. Präsenter als in jungen Jahren ist höchstens die Angst vorm Fallen. Abhilfe schaffen Techniken wie diese: Beim Fallen ist das Zubodengehen nach vorne wichtig. Tief hinabbeugen und aus geringer Höhe auf die Knie fallen lassen. Auch mit den Schutzflächen der Ellbogen- und Handgelenkschoner abstützen und die Finger himmelwärts spreizen. Schwungvoll nach vorne gleiten und den Kopf zur Seite drehen. Bremsen sollte man mit der Fersenbremse oder Schneepflugtechnik. Bei der Fersenbremse den Stopperschuh nach vorne schieben. Fußspitze anheben und Ferse in den Boden drücken. Körpergewicht auf den Schuh ohne Bremse nach hinten verlagern. Nicht zu doll, sonst macht es Plumps. Beim Schneepflug fahren die Füße im weiten Bogen aufeinander zu, als bildeten sie ein umgedrehtes V. Der Körperschwerpunkt liegt tief und weit hinter den Inlinern. Obacht! Nicht, dass die Füße zusammenstoßen.

Perfektes Timing! Nach 1,5 Kilometern mit so viel Körpereinsatz kommt die Sitzbank unterm Ahornbaum gelegen. Fortgeschrittene skaten In den 16 Morgen weiter bis nach Perl-Besch und zurück zum Start (hin und zurück rund zehn Kilometer). Anfänger beenden ihr erstes Training hier und erkunden zu Fuß das Vogelschutzgebiet. Von der Bank zum Fluss laufen, mannshohe Brombeersträucher passieren und durch den Erlen-Eschen-Auenwald streifen, um die Bewohner der Auen zu erspähen.

Noch nicht genug vom Spaß auf acht Rollen? Dann kann man zurück an der Moselbrücke Richtung Norden weiter zum Schloss Thorn

Während auf der Mosel Flusskreuzer und Schwäne schippern, lässt es sich an Land wunderbar am Flussufer entlangrollen.

(www.schloss-thorn.de) heizen. Abhängig von der Skategeschwindigkeit dauert die Fahrt fünf bis 15 Minuten. Jetzt die Skates abschnallen. Zu Fuß die Straße überqueren und in die Probierstube des ehemaligen römischen Wachturms einkehren. Zur Verkostung stehen von April bis Oktober auf Muschelkalk angebaute Weine bereit. Zum Wohl!

FAZIT: EIN STRAFFENDES WORK-OUT, DAS SPAß MACHT, DEN KOPF FREIPUSTET UND AN SCHLITTSCHUHLAUFEN ERINNERT.

Hin & weg: Mit dem Auto über die B406 Richtung Remich/Luxemburg. Vor der Moselbrücke am Zoll rechts abbiegen und in Richtung Campingplatz Mosella, Restaurant Rothaus und Mosel-Camping Dreiländereck fahren. Oder mit den Buslinien 155, 156 und 159.

Beste Zeit: April–Oktober bei trockenem Wetter.

Dauer & Strecke: 1–3 Std. mit Pausen. Rund 3 km.

Ausrüstung: Inlineskates, Knie-, Ellenbogen- und Handschützer, Rucksack, Getränk, Fernglas, Audioguide: Lauschtour-App fürs Smartphone.

HALDEN-ROMANTIK

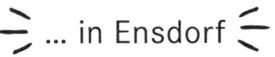 ... in Ensdorf

 **#13**

Natürliche Vulkane gibt es an der Saar zwar nicht. Das Erklimmen des Schlackenbergs fühlt sich aber so an. Eine grandiose Rundsicht auf das ehemalige Saarrevier belohnt für die schweißtreibenden Strapazen. In den Minuten nach Sonnenuntergang, wenn das Polygon die Nacht erhellt, wird es romantisch.

#zurblauenStunde #Minivulkan #Saarpolygon

Nach Sonnenuntergang erstrahlt die Stahlskulptur und bietet einen futuristischen Anblick.

Puh, ist das heiß! Die Abendsonne brennt vom blauen Sommerhimmel. Windstille. Unter den Füßen scheint der körnige Boden zu glühen. Wenig motivierend ist der Blick nach vorne auf den steilen Anstieg. Lieber rundherum blicken: Die Weitsicht hinab zur Saar, auf Häuser und Straßen, das Kraftwerk, den Saargau und den Hunsrück ist grandios. Und weitergehen. Schritt um Schritt. Die Fersen anheben, das erleichtert das Vorankommen auf dem anstrengenderen Teil vom Mittel- zum

Hochplateau. Geschafft! Gerade rechtzeitig. Sonnenstrahlen blinzeln über den Rand der Halde. Der Himmel färbt sich golden, orange, rosa. Packt sämtliche Nuancen aus, bevor es dämmert und die blaue Stunde übernimmt.

Aus allen Himmelsrichtungen ist die Halde Duhamel erkennbar. Markant ragt der aufgeschüttete Tafelberg aus Berge, einem Nebengestein des Kohleabbaus, über Saarlouis auf. Der untere Teil ist grün. Bäume, Sträucher

Freie Sicht auf rauchende Schlote über dem Saartal und auf die Bergrücken an der deutsch-französischen Grenze.

und Gräser haben sich ihren Platz zurück-erobert. Auch ein paar Weinreben wachsen am Südhang – eingezäunt, damit sich nie-mand an den Früchten bedient. Nur im oberen Teil lugt das blanke Gestein hervor. Auf dem 150 Meter hohen Plateau steht eine Skulptur aus Stahl. Das Saarpolygon, ein begehbares Vieleck mit Aussichtsplattform, ist ein Blick-fang und beliebtes Ausflugsziel. Jetzt, da der Puls bereits auf Trab ist, sind die 132 Stufen

Zur blauen Stunde herrscht eine besondere Stimmung auf dem Saarpolygon.

auch noch locker zu schaffen. Oben ist alles vergessen – versprochen!

In der Tiefe sieht man Pärchen und Gruppen gesellig auf Bänken aus Stein und Holz sitzen. Fotografen stehen, hocken oder knien, um die eigenwillige Skulptur mit ihren vielen Ecken ins rechte Licht zu rücken. Weiße Wattebäuschchen steigen aus Schloten auf. In der Ferne fließt geschmolzener Stahl orangefarben in Eisenwaggons.

Wenn nun schon die Lichter leuchten, warum nicht den mitgebrachten Proviant verspeisen? Beim saarländischen Candle-Light-Dinner darf »der Lyoner« natürlich nicht fehlen. Die kultige Fleischwurst in Ringform klemmt gerne zwischen den Brötchenscheiben eines halben Doppelwecks. Weil Steaks zu teuer waren, erhielten Kumpel als Überstundenzulage ebendieses Duo sowie eine Flasche Bier. Bergbaunostalgie pur!

Auf dem Rückweg bitte Acht geben. Der ausgeschilderte Weg ist zwar kürzer, aber äußerst steil. Auf dem rutschigen Untergrund schlingert man leicht, und das geht mächtig auf die Knie. Daher langsam im Zickzack die Halde runter, am besten den Hinweg zurücklaufen. Die Wege sind unbeleuchtet. Bei Nachtblindheit eine Taschenlampe benutzen.

Tipp: Ein Shuttlebus bringt Menschen mit eingeschränkter Mobilität mehrmals im Jahr auf die Halde hinauf (Infos und Termine auf www.bergbauerbesaar.de).

Hin & weg: Mit der Buslinie 402 in sieben Minuten vom Bahnhof Saarlouis zur Haltestelle Saarpolygon. Mit dem Auto über die L345 nach Ensdorf und der Beschilderung folgen. Parkplätze am Sportzentrum nutzen.

Beste Zeit: Ganzjährig. Besonders schön im Abendlicht.

Dauer & Strecke: 1–2 Std., je nachdem, wie lange man die Aussicht genießen möchte. Der Rundweg ist ca. 4 km lang.

Ausrüstung: Feste Schuhe, Getränke, Kamera, Jacke am Abend, Taschenlampe für den Rückweg.

ALLES IM BLICK

⤜ ... auf dem Schaumberg ⤛

#14

Um Herz und Kreislauf auf Trab zu bringen, erst mal um den Berg herumspazieren. Dann geht's auf den 569 Meter hohen Gipfel mit Aussichtsturm – stückweise dem Himmel entgegen, Hunsrück, Pfälzerwald und Nordvogesen zu Füßen. Zwei Stündchen hier oben fühlen sich an wie ein Kurzurlaub in den Alpen.

#Rundblick #barrierefrei #hochhinauf #Kraftort #Skywalk

Sonnenblumen am Wegesrand heißen Spaziergänger auf ihrer Tour willkommen.

→ ABSTECHER ...

Das ist eine Aussicht! Wenige Gehminuten auf dem barrierefreien Rundweg, und Häuser, Wald und Wiesen wirken winzig klein. Bauschige Wolken tänzeln vor blauem Hintergrund. Windräder rotieren gemächlich am Horizont, während man auf 500 Metern über dem Meeresspiegel rund um den beliebten Schaumberg spaziert. Das geht gemütlich in einer Stunde.

An der Westflanke ab und zu kräftig in den Wind legen oder mit Rückenwind leichtfüßig weitergehen. Herrlich erfrischend ist das. Besonders bei schwülem Wetter, wenn im Tal jeder Schritt schwerfällt.

Jetzt kurz neue Kraft tanken, zum Beispiel beim Beinehochlegen auf einer Wellnessbank. Oder beim Platznehmen unter einem Kastanienbaum mit einer Steinwand im Rücken. Hierbei soll Energie fließen. Ob es stimmt? Einfach selbst ausprobieren und schauen, was passiert. Verweilen und das Panorama genießen geht ebenfalls. Oder über die Kunstwerke am Wegesrand sinnieren: Dort finden sich zusammengebundene Baumstämme, Stahlkonstruktionen auf Wiesen und flatternde Blättchen im Wald.

Wer glaubt, Wisente, Bären, Rebhühner oder Erdmännchen zu sehen, dem mangelt es nicht

Auf dem Schaumberg können Wünsche in Erüllung gehen – dem Wunschbaum und dem Wind sei Dank.

Auf Touren gekommen? Prima, denn jetzt geht es weiter zum Gipfel. Diese sind entweder ehrgeizig zu Fuß 500 Meter im Zickzack steil bergauf oder bequem mit dem Auto zu bewältigen. Oben angekommen, links zum Wunschbaum gehen. Die Gesichter aus Keramik stehen für Individualität, Freiheit und Toleranz. Auf bunten Bändern und Fahnen stehen Wünsche. Wind und Wetter tragen sie im Laufe der Zeit fort. Apropos: Im Empfangsbüro des Schaumbergturms werden Wunschfahnen für die eigenen Träume in den Farben Weiß, Blau, Rot, Gelb und Grün verkauft.

569 Meter hoch liegt das Plateau auf dem Schaumberg (www.mein-schaumberg.de). Nicht hoch genug? Die Aussichtsplattform des weißen Turms liegt noch 37,5 Meter höher, erreichbar über Treppen oder einen Lift. Bei schönem Wetter sind Hunsrück, Pfälzerwald und die Nordvogesen zum Greifen nah. Und die 360-Grad-Aussicht ist spektakulär! Sich vom weißen Aussichtsturm loszueisen fällt

an Sauerstoff. Tatsächlich erscheinen jetzt Tierfiguren im Blickfeld. Es handelt sich dabei um täuschend echte Schnitzkunst, die derart gut platziert ist, dass man zweimal hinschauen muss.

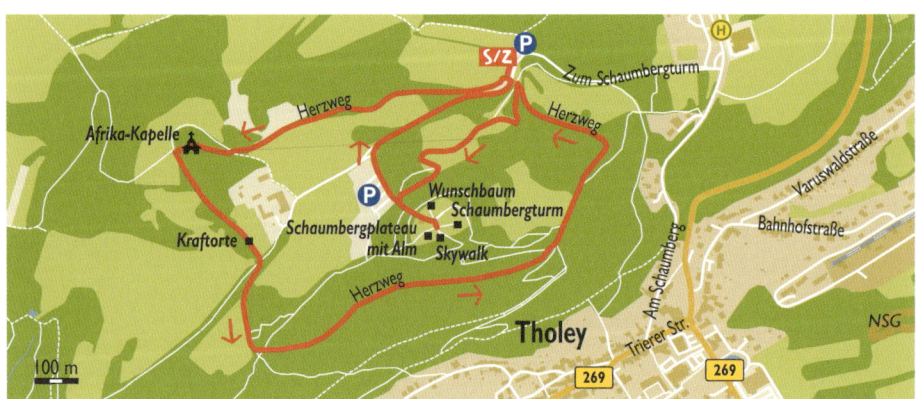

Auf dem Gipfel führt ein Plateau himmelwärts, Sonnenliegen laden zum Verweilen ein. Der breit angelegte Weg führt barrierefrei um den Berg herum.

schwer. Doch unten wartet der Skywalk. Neben der Alm ragt ein Steg über das Plateau hinaus. Das Geländer ist aus Glas, der Boden aus Holz. Im Bauch kribbelt es, ähnlich wie beim Flugzeugstart.

Hin & weg: Über die L135 zum Erlebnispark. Rechts abbiegen zum Schaumbergturm. 200 m unterhalb des Gipfels auf der rechten Seite parken, um die Wanderung zu starten.

Beste Zeit: Ein Besuch auf dem Schaumberg lohnt sich ganzjährig. Öffnungszeiten, Termine und Preise für Turm und öffentliche Führungen sind auf www. mein-schaumberg.de zu finden.

Dauer & Strecke: Für den Herzweg ca. 1 Std. für 2,8 km einplanen. Mit Pausen, Besichtigungen und Brotzeit können es leicht 2 Std. und mehr werden.

Ausrüstung: Feste Schuhe. Der Wind weht am Berg, und es kann frisch werden. Darum an Sommerabenden eine Jacke mitbringen.

Bergluft macht bekanntlich hungrig. Darum gibt's in der Schaumberg Alm (www.schaum berg-alm.de) zum Abschluss dieser Eskapade eine Stärkung für jeden Geschmack – kühle und heiße Getränke, leichte und deftige Gerichte. In der Holzhütte tanzen Dirndl und Lederhosen zu Blasmusik. Ist man wirklich noch im Hunsrück oder doch schon in den Alpen? Ist eigentlich auch egal. Hauptsache, die Luft ist herrlich klar, das Essen schmeckt, und die kleine Auszeit fühlt sich an wie ein ganzer Urlaub.

FAZIT: GIPFELSTÜRMEN GEHT IM HUNSRÜCK GANZ OHNE GONDEL. OBEN KANN MAN EINFACH DEN AUSBLICK GENIESSEN UND ALLE SORGEN VERGESSEN.

VON STEG ZU STEG

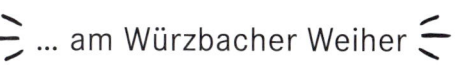 ... am Würzbacher Weiher

Eine Runde spazieren gehen, sich treiben lassen und an der frischen Luft die Zeit vergessen. Decke oder Tuch ausbreiten, sich hübsch darauf platzieren und innehalten. Das tut unglaublich gut und fühlt sich an wie eine Auszeit mit sich selbst.

#Rauszeit #Weiherumrundung #Picknickdecke

Ins Körbchen kommen Picknickdecke, etwas zum Schmökern und Sonnenschutz. Mehr braucht es nicht – na gut, Zeit wäre prima. Das Handy hingegen bleibt am besten gleich zu Hause. Dann lässt es sich ungestört flanieren, Luft schnappen oder wie immer man Spazieren aus purer Lust heraus, ohne Ziel und ohne Hast, nennen möchte.

Es ist ganz simpel. Einen schönen Ort heraussuchen, wie den Würzbacher Weiher, vier Kilometer vor den Toren der Barockstadt Blieskastel. Die Bahnstation Würzbach liegt direkt am Ausflugsziel. Und dann? Einen Fuß vor den anderen setzen, Meter um Meter, und schauen, wohin der Weg führt. Fällt das schwer, weil die »Übung« fehlt oder man denkt, Herumgehen sei vertane Zeit – dann packt man eben Picknickdecke oder Strandtuch aus.

Einfach von Steg zu Steg ziehen, Decke ausbreiten, wo es einem gefällt, Schuhe aus und 15 Minuten dasitzen, beobachten, Buch, Zeitschrift oder Skizzenheft zur Hand nehmen. Oder nichts tun.

Dann am Beachvolleyballfeld und Reisemobilstellplatz vorbei zum historischen Annahof (www.annahof.de) spazieren, das heute ein Hotel mit Restaurant, Biergarten und kleiner Eisdiele ist. Marianne von der Leyen, Reichsgräfin im 18. Jahrhundert, nutzte den Hof als Sommersitz und baute ihn zu einem Sommerschloss aus. Kleine Lustbauten, Gartenanlagen, eine Uferpromenade – all das entstand zum persönlichen Vergnügen und Zeitvertreib der adligen Dame.

Wem der Sinn danach steht, der setzt sich auf die Terrasse direkt am Wasser unter einen

Ganz entspannt: einmal rund um den Weiher mit ausgiebigen Pausen. Da bleibt viel Zeit zum Eisessen, Buchlesen und Sonnetanken.

Sonnenschirm. Schaut von dort den Schwänen beim gemächlichen Umhertreiben zu und beobachtet Angler beim Schwingen des Köders. Hält inne und genießt das satte Grün des Sommers.

Weiter geht's. Irgendwann. Entweder rund um den Weiher oder in den Wald hinein in die Täler von Geißbach und Frohnsbach. So lange und so weit die Füße tragen.

Hin & weg: Mit der Bahn bis Würzbach (Saar), mit dem Auto über die L111 nach Niederwürzbach. Parkplätze gibt es an der Würzbachhalle.

Beste Zeit: Ganzjährig. Picknickdecke am besten im Sommer ausbreiten.

Dauer & Strecke: Mind. 1 Std. Rundweg ca. 3 km.

Ausrüstung: Bequeme Kleidung und Schuhe. Picknicksachen nach Lust und Laune.

> **FAZIT: DIESER ABSTECHER IST ALLES ANDERE ALS ZEITVERSCHWENDUNG – SPAZIERENGEHEN MACHT GLÜCKLICH.**

ZIEMLICH SCHÖNE AUSSICHT

 ... in Serrig

 **#16**

Der Aussichtspunkt Schöne Aussicht liegt 200 Höhenmeter über der Saar und macht seinem Namen alle Ehre. Anmutig zieht sich die Flussschleife durchs Tal. Das Panorama lockt Fans von Sonnenuntergängen und bei Wind auch Paraglider an. Ein Geheimtipp!

#Hammerschleife #SaarjederSicht #Sprungschanze

Nur ein paar Schritte, und unter dem leuchtenden Feuerball liegt das Saartal zu Füßen.

Romantisch ist es hier, wenn die Sonne langsam gen Horizont sinkt, sich die schroffen roten Felswände in sanftes Abendlicht hüllen und warme Sonnenstrahlen durchs Blätterwerk blinzeln.

Auf der leicht bergabwärts geneigten Absprungrampe, einem Startplatz für Drachen- und Gleitschirmflieger, schlottern die Knie. Ob ein auf dem Rücken festgeschnallter Schirm gegen zitternde Beine hilft? Bestimmt. Der Sitz ist bequem, die Beine schaukeln, rechts und links hat man Seile zum Lenken. Nur das Kribbeln im Bauch beim Durchstarten erinnert konstant an das ungewöhnliche

Transportmittel. An den ewigen Traum vom Fliegen ohne Motor.

Wer kein Stoffpäckchen zum Davonschweben dabei hat, sitzt auf den Holzstufen und -bänken und genießt von dort aus den Ausblick auf die Hammer Schleife. Hamm, so heißt der Ortsteil von Taben-Rodt, auf den man hinabblickt und um den die Saar mäandert. Dort liegt auch der Landeplatz für Paraglider.

Bei Windstille ist die Startrampe leer. Dann gehört das Ausflugsziel Verliebten, Motorradfahrern und allen, die einen schönen Platz für den Dämmerschoppen suchen. Das Fahrzeug

Eine Bank fürs Feierabendpicknick steht am steilen Felsen mit bester Fernsicht bereit.

auf dem ausgeschilderten Stellplatz parken. Den Picknickkorb aus dem Kofferraum holen und direkt am Rastplatz gegenüber unter Schatten spendenden Bäumen Platz nehmen. Oder dem schmalen Trampelpfad rechts berg- auf folgen. Der Anstieg ist kurz und steil. Oben wartet eine filmreife Kulisse, in der die Natur die Hauptrolle spielt. Im Gegensatz zur bekannteren Saarschleife in Mettlach geht es hier gemütlich zu.

Nichts für Angsthasen: Wenn der Wind richtig steht, sausen Paraglider die Sprungrampe hinab und schwingen sich in die Lüfte.

Wer es dynamisch mag, wandert bis zum Steinbruch und wieder zurück. Der Perspektivenwechsel mit Blick ins Innere des Naturparks Saar-Hunsrück lohnt.

Das Auto bleibt auf dem Wanderparkplatz stehen. Auf der gegenüberliegenden Straßenseite führt links ein Wanderweg zunächst auf ebener Strecke am Hang entlang mit Blick auf die Saar. Nach zwei Kilometern geht's vom Steinbruch steil bergauf zum Rundwanderweg Nr. 2 und zum Ausgangspunkt.

Den Sprung vom Fußgänger zum Piloten wagen und durch eines der schönsten Fluggelände nördlich der Alpen gleiten – das geht bei einem Tandemsprung. An Wochenenden können Laien bei gutem Wetter und Südwest- bis Nordwestwind von der Startrampe flitzen.

Infos und Anmeldung beim Drachenflieger-Club Trier (www.dfc-trier.com).

> **FAZIT: KENNER GENIESSEN DEN SONNEN-UNTERGANG AN DER TRAUMHAFTEN FLUSS-SCHLEIFE. MUTIGE SEGELN DURCH DIE LÜFTE. WENN NICHT HIER, WO DANN?**

Hin & weg: Von der Ortsmitte Serrig über die Landstraße bergauf in Richtung Greimerath. Der Wanderparkplatz liegt auf der linken Seite.

Beste Zeit: Ganzjährig. Besonders schön im Herbst.

Dauer & Strecke: Etwa 1 Std. mit Picknick. Am Parkplatz startet ein ca. 5 km langer Wanderweg. Gute Kondition erforderlich.

Ausrüstung: Zeit und Picknickkorb. Feste Schuhe fürs Wandern, Mut zum Fliegen.

GRUB AN DIE SONNE

⋝ ... in Kell am See ⋜

#17

Yoga an der frischen Luft tut unglaublich gut. Inmitten des Hochwalds direkt am See an einem warmen Platz beschert der Sonnengruß gleich doppelte Glücks-momente. Dafür bequeme Kleidung an-, Socken ausziehen, Handy ausschalten und ganz tief durchatmen.

Was im Sport- oder Yogastudio aus den Lautsprechern tönt, gibt es hier in Kell am See in echt zu hören. Zwitschernde Vögel, der plätschernde Frohnbach und die raschelnden Blätter von Eichen und Birken komponieren die perfekte Hintergrundmusik zum Meditieren. Der L-förmige Holzsteg ragt vom Ufer hinaus auf den dunklen See mit seinen pinkfarbenen Seerosen.

Ein nackter Fuß berührt die warmen Bohlen, der Blick geht aufs Wasser, und die Arme sind über dem Kopf gen Himmel gerichtet. Dazwischen balanciert die Körpermitte mal nach rechts, mal nach links, so lange, bis sie auf einem Bein Ruhe findet und genauso verwurzelt steht wie die umliegenden Bäume. Wie passend! Diese Haltung heißt tatsächlich Baum und ist eine perfekte Übung, um ins

Gleichgewicht zu finden und sich zu konzentrieren. Wer es schafft, alle Muskeln anzuspannen, stärkt seinen Körper. So schnell haut einen nichts mehr um.

Das Baden im Angelgewässer ist nicht erlaubt. Dafür ist die glitzernde Seeoberfläche herrlich ruhig. Nur die Wildgänse gleiten sachte ins Wasser und drehen eine Runde. Hier stören, wenn überhaupt, vorbeihechelnde Jogger, stapfende Wanderer, rollende Kinderwagen oder auch wiehernde Pferde. Doch auch das ist eine tolle Übung. Die Hintergrundgeräusche ausblenden, dem Kopf eine Pause gönnen, tief durch die Nase in den Bauch atmen. Wer mag, schließt die Augen. Oder richtet den Blick auf den See, das besänftigende Grün von Wald und Wiesen und den blauen Himmel.

Ausbalancieren, tief durchatmen, den Alltag vergessen. Das geht hervorragend beim Freiluftyoga am Keller Stausee.

Wem der Yogaplatz in der prallen Sonne zu heiß ist, der findet auch kühlere Plätze unter schirmartigen Bäumen am Seeufer. Oder man kommt frühmorgens hierher, um den Sonnengruß wörtlich zu nehmen. Das wirkt besser als jede Tasse schwarzer Kaffee. Der am Abend praktizierte Mondgruß hilft beim entspannten Tagesausklang und Einschlafen.

Namaste!

Hin & weg: Mit dem Auto von Kell am See über die Römerstraße zum Keller See und Richtung Landal Ferienpark fahren. Parkplätze stehen am Gestüt Fronhof (www.gestuet-fronhof.de) zur Verfügung.

Beste Zeit: Mai–September bei Barfußwetter.

Dauer: Etwa 1 Std.

Ausrüstung: Bequeme Kleidung, Yogamatte.

FAZIT: IM SOMMER GEHÖREN YOGIS UND IHRE MATTE AN DIE FRISCHE LUFT!

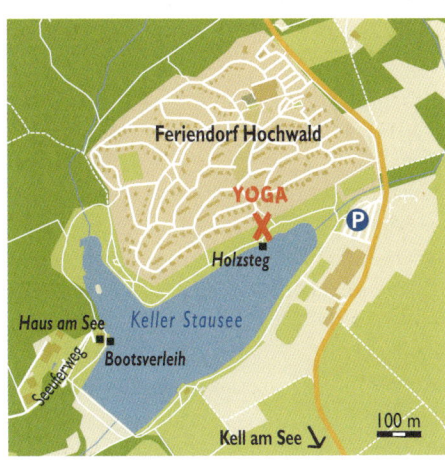

PANORAMA-PLANSCHEN

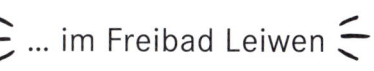

... im Freibad Leiwen

Im Flusstal glühen die Weinberge in der Sommerhitze. Hier oben am Waldrand weht ein laues Lüftchen. Grandiose Aussicht, kühles Nass und eine Eins-a-Wasserrutsche. Perfekt, um entspannte und vergnügte Stunden im Liegestuhl oder Schwimmbecken zu verbringen.

Beste Aussichten auf die Winzerorte im Moseltal, die grünen Weinberge und das Hunsrückgebirge garantiert.

die Röhre. Unterm Sonnensegel planschen Kleinkinder. Auf der prominenten Terrasse am Beckenrand arbeiten Sonnenanbeter an der perfekten Bräune. Der perfekte Platz, um auf die Moselschleife zu blicken, mit bunten Sonnenschirmen, weißen und pinken Oleanderblüten und Wassertropfen auf der Haut. Wie Urlaub am Mittelmeer. Fantastisch!

Dösen, Buch lesen, Bahnen ziehen. Schwimmen an der frischen Luft macht hungrig. Der Klassiker, Pommes rot-weiß, wandert wie am Fließband durchs Kioskfenster. Von der Aussichtsterrasse am Café aus lässt sich entspannt das Treiben beobachten, etwa die Springer vom Dreimeterbrett. Alles wie früher. Mädchen halten sich die Nase zu, springen kerzengerade mit angewinkelten Armen vom unmerklich wippenden Brett. Heranwachsende und Männer legen sich voll ins Zeug, wippen mächtig auf und ab, so lange, bis sich das Brett nicht weiter biegt. Absprung. Ein Bein anwinkeln, das andere durchstrecken.

Schon die Anreise zum Panoramabad Römische Weinstraße in Leiwen ist prickelnd. Von Trittenheim geht's über die Landstraße und den Panoramaweg in Serpentinen die Weinberge hinauf bis zur Zummethöhe.

Oben angekommen, heißt es: Auto parken, Badesachen schnappen und ab auf die große Liegewiese am Hang. Sonnen- oder Schattenplatz? Am Waldrand gibt's genügend Plätzchen, von denen aus man alles im Blick hat. Zu sehen gibt's die sechs 25 Meter langen Schwimmbahnen und den Sprungturm. Ins Nichtschwimmerbecken mit Wasserpilz sausen freudig quiekende Kinder. Swusch, plitsch, platsch – auf der großen und der kleinen Wasserrutsche herrscht Hochbetrieb. Auf der Wendeltreppe gibt's Stau. Auch Erwachsene werden zum Kind und schwingen sich in

Hin & weg: Mit dem Auto über die L148 auf die Zummethöhe, Richtung Ferienzentrum Sonnenberg und Panoramabad Römische Weinstraße. Parkplätze rund ums Bad.

Beste Zeit: Juni–September. Öffnungszeiten hängen von der Wetterlage und der Bademeisterbesetzung ab. Informationen über die Internetseite der Verbandsgemeinde Schweich (www.schweich.de).

Dauer: So lange man mag. Ein paar Stündchen oder ein ganzer Tag.

Ausrüstung: Badesachen, großes Handtuch, Sonnencreme, etwas zum Schmökern, Geld für Kioskklassiker und Liegestuhl.

Ab ins kühle Nass! Das Panoramabad trägt seinen Namen völlig zu Recht. Das Hinabbrausen auf der Wasserrutsche fühlt sich ein bisschen an wie eine Achterbahnfahrt in luftiger Höhe.

Klatsch. Sekunden später eine mordsmäßige Fontäne. Arschbombe vom Feinsten. Masse hilft. Oder Technik. Die inoffiziellen Olympischen Spiele sind in vollem Gange.

Übrigens, an der Saar und im Hunsrück befinden sich ebenfalls Freibadperlen. In Mettlach (persönlicher Liebling) wird mit Sonnenenergie geheizt. Ab 17 Uhr ermäßigter Eintritt für alle. Mitten im Wald liegt das Morbacher Freibad mit 50-Meter-Becken. Das Naturfreibad in Simmern kommt ohne Chlor aus.

FAZIT: EINE KLEINE FLUCHT AN HEISSEN SOMMERTAGEN. BADEN, RELAXEN, LESEN, SONNEN — BEI DIESER AUSSICHT BLEIBT MAN GERNE BIS KASSENSCHLUSS.

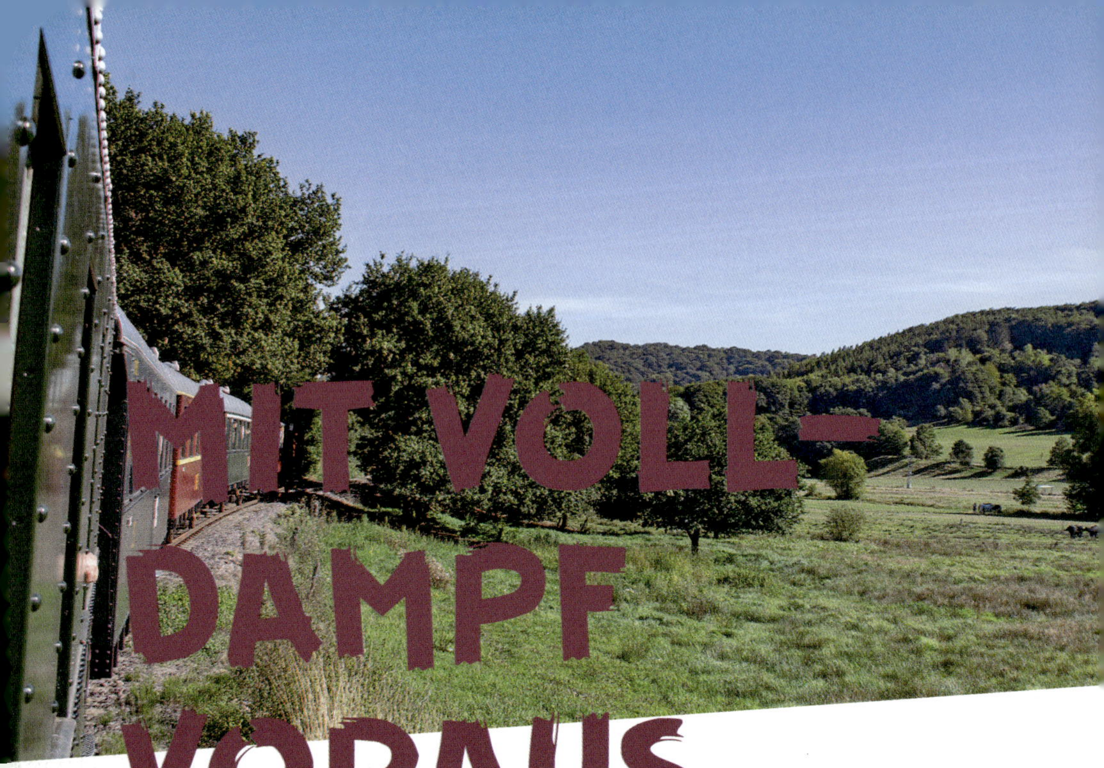

MIT VOLL-DAMPF VORAUS

… mit der Lok zum Lückner-Wald

#19

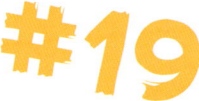

Diese Fahrt ist etwas Besonderes – nicht nur für Eisenbahnfans. 15 Kilometer Zeitreise mit der Museumsbahn von der Saar in den Hunsrück. Dorthin fährt sonst kein Zug. Dampflok voraus, historische Waggons hinterher. An Wiesen, Dörfern und Wald vorbei. Noch eine Wanderung, und der Ausflug ist perfekt.

#LukasderLokomotivführer #Eisenbahnromantik #Hochwald #ReisenaufSchienen

Die Museumslok ist herausgeputzt und dampft sich schon mal warm.

→ ABSTECHER ...

Wer regelmäßig mit dem Auto oder dem Bus auf der Strecke Merzig–Losheim unterwegs ist, kennt sie, die verwaisten Schienen, auf denen kein regulärer Zug verkehrt. Mehrmals im Jahr erwacht die Strecke jedoch zu neuem Leben. Dann ziehen Dampf- und Dieselloks liebevoll restaurierte Waggons mit bis zu 40 Stundenkilometern durch den Naturpark Saar-Hunsrück. Möglich gemacht werden diese Fahrten vom Museums-Eisenbahn-Club Losheim am See mit seinen freiwilligen Helferinnen und Helfern.

Alle einsteigen (am besten in Merzig, dann hat man am längsten etwas von der Fahrt)! Einen großen Schritt machen, festhalten an den eisernen Haltegriffen, hochziehen und ab auf die Holzbank. An den holzvertäfelten Wänden hängen Blechplakate mit Werbung für Hautcreme und Waschmittel. Allesamt aus einer vergangenen Zeit wie die Personenwagen und der Speisewagen.

Die rot-schwarze Dampflok gewinnt langsam an Fahrt. Aus dem Schornstein steigt weißer

Zuerst geht's mit der Lok auf Erkundungstour, dann zu Fuß weiter durch den Lückner-Wald.

Rauch auf, im Führerhaus wird ordentlich Kohle in den Ofen geschippt. Rhythmisch rattern die Triebwerke hinein in den »Großen Wald«. Der Hochwald mit Buchen, Fichten und Tannen zieht am Fenster vorbei. Hinauslehnen ist verboten. Aber kurz mal den Kopf rausstrecken geht, oder? Der Blick zum vorderen und hinteren Ende des Zugs ist bildschön. Und erinnert an den Hogwarts-Express aus Harry Potter. Ob der Imbisswagenverkäufer auch Schokofrösche, Kesselkuchen und Kürbissaft anbietet? Bei den Winterfahrten dürfen jedenfalls Glühwein und der Nikolaus mit an Bord.

Am Eisenbahnhof Losheim kann man aussteigen und einen Blick ins Eisenbahnmuseum werfen oder weitere Waggons, darunter zwei Bahnpostwagen, anschauen, bevor es weiter bis zur Endhaltestelle Niederlosheim geht. Bei einer frühen Abfahrt bleibt Zeit fürs Wandern. Start ist die Dellborner Mühle (www.dellborner-muehle.de) am Losheimer Bach. Empfehlung: erst wandern, später einkehren. Forelle und Wildspezialiäten schmecken dann noch besser.

Zum Beinevertreten eignen sich das Waldgebiet Lückner und die Wahlener Berge bestens. Man kommt durch Laub- und Nadelwald an einer Tennisanlage und Pferdekoppel vorbei. Kaffee und hausgemachte Kuchen bietet das Münchweiler Schloss (www.schloss-muenchweiler.de). Für Wanderer auf dem Kleinen Lückner ist dies ein Umweg von 800 Metern pro Strecke. Dafür ist ein großes Kuchenstück drin, oder? Vom 30 Meter hohen Rammenfels, einem Sandsteinfels, an dem sich eine

Wenn Lok und Waggons an den spätsommerlichen Feldern vorbeirattern, kommt Eisenbahnromantik auf.

Lourdesgrotte befindet, dem Losheimer Bach folgen. Jetzt geht es zurück zur Mühle. Der letzte Zug nach Losheim fährt gegen 18 Uhr.

FAZIT: DIE FAHRT DURCHS GRÜNE MIT DER MUSEUMSBAHN IST EIN TOLLES ERLEBNIS.

Hin & weg: Mit Bus oder Auto in die Bahnhofsstraße in Losheim am See. Parkplätze auch bei der Eisenbahnhalle in der Streifstraße. Die Dampflok verkehrt regulär auf der Strecke Merzig Ost–Brotdorf–Bachem–Losheim am See–Niederlosheim. Geänderte Routen bei Bauarbeiten möglich.

Beste Zeit: Ostern–Nikolaus. Die Lok fährt meist einmal im Monat, im Dezember häufiger (Infos zu Abfahrten, Fahrtagen, Preisen und Streckenverlauf auf www.museumsbahn-losheim.de).

Dauer & Strecke: 1,5 Std. für die Zugfahrt. 3 Std. und 8,5 km für die Wanderung Kleiner Lückner.

Ausrüstung: Wettergemäße Kleidung, Kamera. Kostenlose Mitnahme von Fahrrädern auf der Zugfahrt möglich – aus Lok & Wandern wird Lok & Biken. Im Lückner gibt es tolle Radwege.

SPITZE FELSNASEN

⊰ … über Bernkastel-Kues ⊱

Das Städtchen Bernkastel-Kues ist bekannt für wunderschöne Fachwerk-häuser, Weinfeste und die Burg Landshut. Wenige wissen: In der zweiten Reihe wartet ein Gebirge mit zackigen Schiefer-felsen, erstklassigen Aussichten auf das Moseltal und alpinem Wandercharakter – nur die Kuhglocken fehlen!

Wanderer, die in die Bernkasteler Berge aufbrechen, fühlen sich fast wie in den Alpen.

schroffe Felsen hervor. Gleich da vorne ist der Bergfried der Höhenburg Landshut. Dahinter die Bergrücken der Eifel. Dazwischen schlängelt sich die Mosel durch die Weinberge. Bei dem Ausblick bleibt einem die Spucke weg.

Vom Marktplatz der historischen Bernkasteler Altstadt an der Mosel führt der Weg auf bis zu 420 Meter Höhe. Zunächst geht es am Tiefenbach entlang, aus der Stadt heraus, parallel zur Bundesstraße. Hinter der Tinkel-Kapelle rauscht der Obere Wasserfall in die Tiefe. Erfrischend, so ein paar Wasserspritzer auf der warmen Haut. Ein Blick nach oben verrät auf einem Felsvorsprung das Goldene Kreuz.

Stand finden. Die Füße auf den knubbeligen Steinen platzieren. Nur nicht zu nah an den Abgrund ran. Am Wegesrand blüht lila Heidekraut. Grüngelber Laubwald zieht sich steil bergab zum Tiefenbach, vereinzelt lugen

Achtung beim Überqueren der Bundesstraße – hier sind Raser unterwegs. Schnell hinein in den Eichenwald. Laub und Gebirge dämpfen die störenden Motorengeräusche. Zwischen Tiefenbachtal und Bresgenruh thront auf 320 Meter Höhe das Balkenkreuz mit vergoldetem Vorderteil. Es heißt, ein ortsansäs-

Grasende Milchkühe, rotierende Windräder, schroffe Felsen: Der Hunsrück kann von der Mosel aus auch zu Fuß erreicht werden.

siger Schreiner habe es hier oben in schwindelerregender Höhe platziert und damit ein Versprechen eingelöst.

Die Wangen gerötet, die Waden warm gelaufen, der Puls pocht im Takt – ja, auf dieser Tour kommt man ins Schwitzen. Doch Bänke und Rastplätze laden zum Pausieren ein. Ist man erst einmal aus dem Wald heraus, durchströmt die kühle Bergluft Nasen- und Lungenflügel. Zum perfekten Bergpanorama fehlen noch ... Kühe. Und die stehen auf einer saftigen Weidefläche, umgeben von Fichten und Tannen. Schnell die Jacke überziehen, trotz des anstrengenden Aufstiegs. Denn vom Hunsrück weht es kühl über das freie Plateau. Die Arme ausstrecken, gegen den Wind lehnen, durchpusten lassen. Das rege Treiben an der Mosel ist jetzt ganz weit weg.

FAZIT: DIE BERNKASTELER SCHWEIZ IST EIN RÜCKZUGSORT MIT HAMMERAUSSICHT UND EIN TOLLES WADENTRAININGSTERRAIN.

Hin & weg: Mit dem Schiff, den Bussen 301, 311, 333 oder RegioRadler nach Bernkastel-Kues. Mit dem Auto aus dem Hunsrück über die B50. Alternativer Einstieg am Wanderparkplatz gegenüber der Bärenhalde, Abzweigung Monzelfeld. Der Ausflug wird dann zum Abstecher. Oder am Wanderparkplatz starten, zur Kuhweide und links hinab nach Bernkastel wandern. Der Rückweg zum Auto führt dann am Wasserfall und der Tinkel-Kapelle vorbei.

Beste Zeit: April–Oktober.

Dauer & Strecke: 4–5 Std. Rundweg ca. 11 km. Alternative Runde etwa 2 Std. und 5 km.

Ausrüstung: Wanderschuhe, Brotzeit, genügend Trinkwasser.

2. KAPITEL
AUSFLÜGE

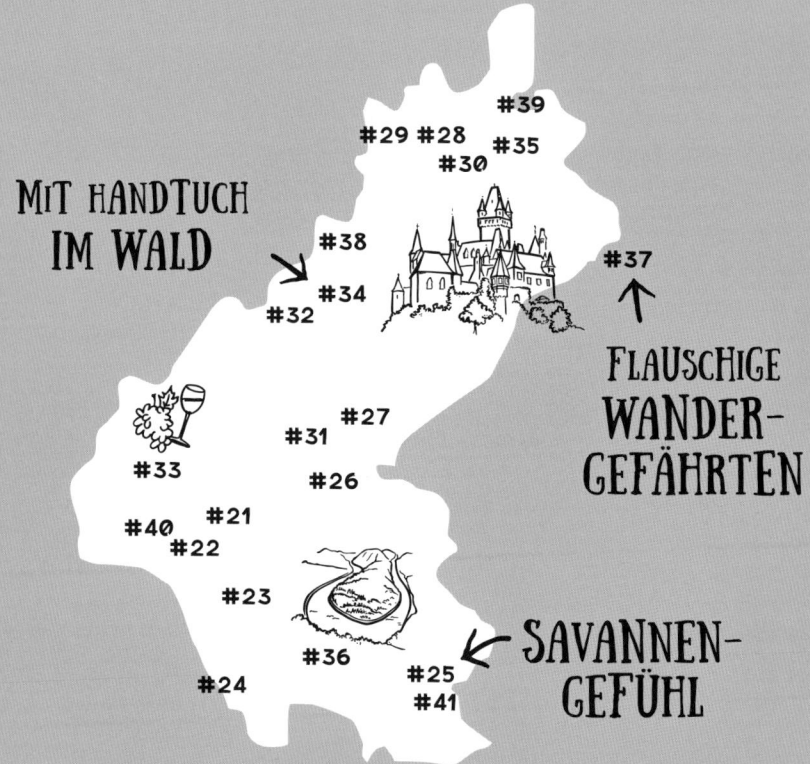

MIT HANDTUCH
IM WALD

#39

#29 #28 #35
#30

#38
#34
#32

#37

FLAUSCHIGE
WANDER-
GEFÄHRTEN

#33

#27
#31
#26

#40 #21
#22

#23

#36

#24

#25
#41

SAVANNEN-
GEFÜHL

Raus für einen Tag

Hinaus ins Grüne, hinein in die schönsten Ecken der Gegend. Ob Wandern, Radeln, Paddeln, Baden oder Relaxen - für jede Laune und jedes Wetter ist etwas dabei.

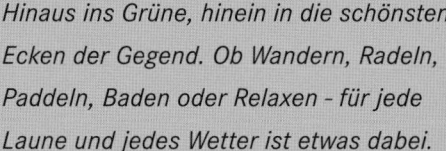

12 H

ALLE VIERE VON SICH STRECKEN

>... in Losheim am See <

#21

Wie fühlt sich Urlaub an? Wie der Moment nach einem Seetag in Losheim, wenn man mit schrumpeligen Fingern, gebräunter Haut und total entspannt nach Hause zurückkehrt. Der Ort? Ein dunkelblauer Badesee mit Waldpanorama.

Schön am See entspannen: Das geht beim Faulenzen auf dem Badetuch, bei einem Spaziergang oder zu Wasser.

Die wichtigste Frage zuerst: Wohin mit dem Strandtuch? Lieber in die Nähe von Bootsanlegestelle und Biergarten? Oder auf die große Liegewiese mit Strandbucht und Sprungturm im See? Egal. Hauptsache, man hat Zeit, Badesachen und ein gutes Buch im Gepäck. So entsteht ein maximales Urlaubsgefühl inmitten des Hochwalds.

Wem das Faulenzen schwerfällt, der spaziert gemütlich in einer Stunde auf dem asphaltieren Weg um den Stausee. Der Rundweg eignet sich zum Walken, Skaten und Rollerfahren (Bremskenntnisse erforderlich!). Die hügelige Nordseite des Sees führt an verschiedenen Freizeiteinrichtungen vorbei, darunter eine Brauerei, ein Seegarten mit Café und Minigolfplatz, ein Wasserspielplatz, ein Strandbad mit Rutsche und Beachvolleyballfeld sowie ein Campingplatz.

Wer keine Lust auf Baden hat, kühlt Waden und Handgelenke beim Wassertreten ab. Eine moderne Anlage liegt am Westufer des Sees, wo der Losheimer Bach in den Stausee mündet. Der Energiekick macht Lust darauf, einen der abzweigenden Wanderwege durch Wälder und entlang von Bachläufen zu erkunden.

Das mit Schilf und Gras bewachsene Südufer des Sees verläuft parallel zur Schnellstraße. In einem sanft geschwungenen Bogen führt der Weg auf der Staumauer entlang. Spaziergänger beobachten die Wendemanöver der Boote mit bunten Segeln. Angler werfen Köcher aus und hoffen geduldig auf einen reichen Fang. Barsch, Hecht, Seeforelle – wer aus dem 14 Meter tiefen See wird anbeißen?

Das Gute an einem Tag am See? Für das See(le)-baumeln-Lassen gibt es kein Rezept –

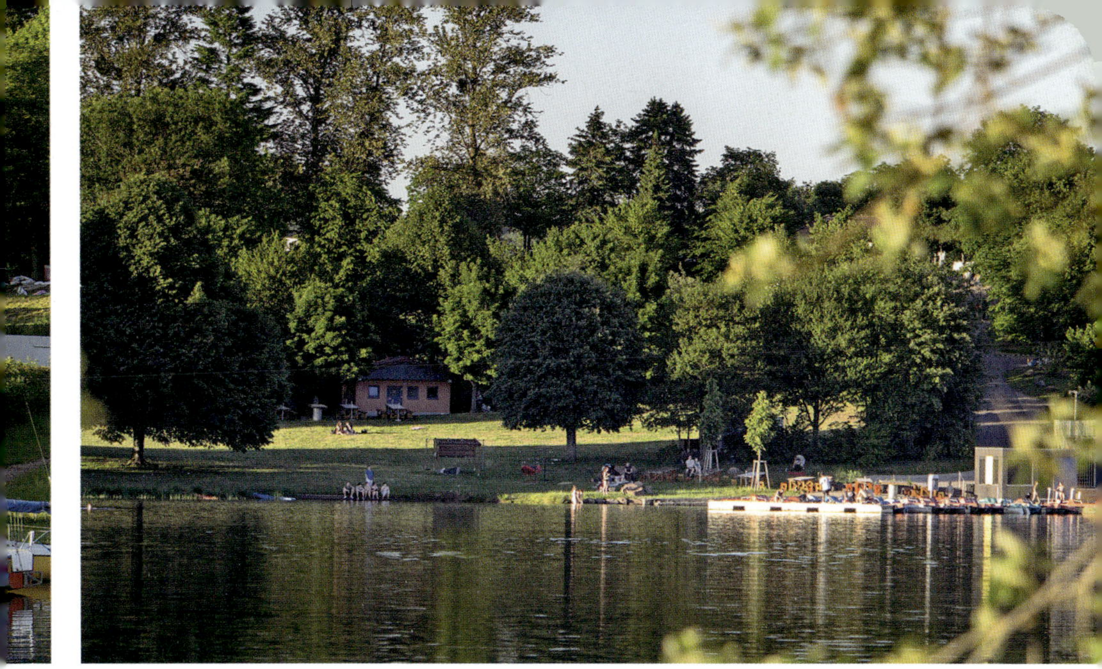

Schwimmsachen und Sonnencreme nicht vergessen – in Losheim am See wartet Badespaß wie früher.

man kann hier einfach tun, was einem gefällt. Wie früher. Als die Sommerferien endlos schienen. Man den Erfolg des Tages in der Anzahl der Seesprünge maß. Und Pommes mit Soße den vom Schwimmen knurrenden Magen besänftigten ...

FAZIT: EIN PAAR STUNDEN ABSCHALTEN ODER EIN WOCHENENDE AUFTANKEN. IDEAL AN HEIßEN SOMMERTAGEN!

Hin & weg: Mit dem Auto über die B268 nach Losheim. Kostenpflichtige Parkplätze stehen zur Verfügung. Mit der Buslinie R1 ab Merzig oder Wadern.

Beste Zeit: Juni–September. An Wochenenden und bei Veranstaltungen wird es voll.

Dauer & Strecke: Von morgens bis abends, nach Lust und Laune. Rundweg ca. 4 km.

Ausrüstung: Badesachen, ggf. Proviant. Feste Schuhe, wer wandern möchte. Tretroller oder Cross-Skates, um von Badebucht zu Badebucht zu rollen. Geld für Liegewiese, Strandbad und/oder Freizeitaktivitäten.

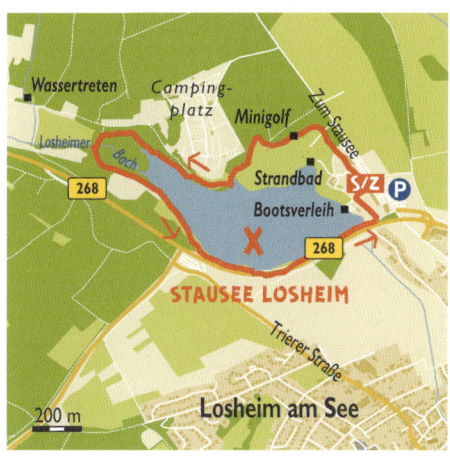

WO DIE WÖLFE WOHNEN

⋝ ... in Merzig an der Saar ⋜

#22

Schneeweiße Polarwölfe, Grauwölfe aus Spanien oder kanadische Timberwölfe beobachten? Dafür ist keine Weltreise nötig! Ein Abstecher in den Wolfspark in Merzig genügt. Wanderer streifen auf dem Wolfsweg durch Täler, Schluchten, dichten Mischwald und über Streuobstwiesen.

#auflsegrimsSpuren #Rudelgeheul #FreundderWölfe

Ruf der Wildnis: Am Merziger Stadtrand heulen schneeweiße Polarwölfe.

»Stadt der Wölfe« – diesen Beinamen ver-
dankt Merzig jenem Mann, der sein Leben
den majestätischen Raubtieren widmete. Vor
30 Jahren legte Werner Freund den Grundstein für einen weltweit einzigartigen Wildpark. Wölfe aus allen Teilen der Erde, von Si-
birien bis Spanien, leben hier.

Am Stadtrand führt ein Waldweg in den Kammerforst. Im Sommer sind Isegrims Nachfah-
ren durch das dichte Blätterwerk des Misch-
walds schwer zu erkennen. Abhilfe schafft der
Aufstieg zu einem der drei Aussichtstürme.
Raschelnde Blätter, Knarzen im Unterholz und
hellbraun bis gelb funkelnde Augen verraten
die in ihrem Revier umherstreifenden Tiere.

Um die Stars der Stadt aus der Nähe zu beobachten, eignet sich eine öffentliche Führung (1. Sonntag im Monat). Im Fokus steht
die Beziehung zwischen Wolf und Mensch.

Los geht's an den südlichen Gehegen. Tram-
pelpfade und breite Waldwege führen im Sommer durch schattigen Mischwald. Beim Überwinden steiler Berghänge helfen Holztreppen.
Bohlen führen über modrigen Waldboden.
Eine Brücke überspannt einen plätschernden
Bachlauf. Aufmerksame Wanderer erkennen
Wildschweinspuren, Spechthöhlen, Haselnusssträucher, Wilderdbeeren, Rotbuchen,
Lärchen und Fichten: ein paradiesischer Lebensraum für zahlreiche Vögel und Insekten.

Dann führt der Weg aus der dunklen Schlucht
hinauf. Auf dem 100 Meter höher gelegenen
Klosterberg weitet sich die Landschaft und
gibt den Blick frei auf eine alte Streuobst-

Manche Wölfe warten neugierig am Zaun, am besten lassen sie sich jedoch vom Aussichtsturm aus erspähen. Weiter geht's vom Kammerforst zum Klosterberg.

wiese. Im Spätsommer und Frühherbst kommen Genießer auf ihre Kosten. Wildblumen bilden bunte Farbtupfer auf den Wiesen. Am Wegesrand hängen dunkelrote Beeren an Sträuchern. Äpfel, Pflaumen, Birnen und Mirabellen reifen dank wärmender Sonnenstrahlen zu süßen Früchten heran. Das Merziger Becken ist als »Äbbelkischd« (Apfelkiste) bekannt. Exzellenter Apfelsaft und Viez (Apfelwein) sind beliebte regionale Produkte.

Geschwungene Sinnenbänke laden zum Verweilen ein. Der Fernblick reicht bis zur französischen Grenze mit der Skulpturenstraße »Steine an der Grenze« und zum Baumwipfelpfad an der Saarschleife.

Wer möchte, kehrt im gemütlichen Restaurant Ellerhof ein (Öffnungszeiten und Aktuelles on-line auf www.ellerhof.de). Um dorthin zu gelangen, der Straße in Richtung Kaserne folgen, an Schrebergärten vorbei, und rechts halten. Das urige Gästehaus mit Aussichtsterrasse unter Kastanienbäumen serviert Heidschnuckenlamm, saisonale Wildgerichte und Hausmannskost.

Der zweite Teil der Eskapade führt zurück in den Wald hinab. Der Rundweg endet an den nördlichen Gehegen (nach 17 Uhr der Ausweichroute folgen). Wer ohne Auto unterwegs ist, kann den Wanderweg am Garten der Sinne nach Süden verlassen und erreicht das Stadtzentrum nach 30 Gehminuten.

Tipp: Einen Stopp an der über der Stadt thronenden Kreuzbergkapelle mit Weinberg einlegen. Der Ausblick ist fantastisch!

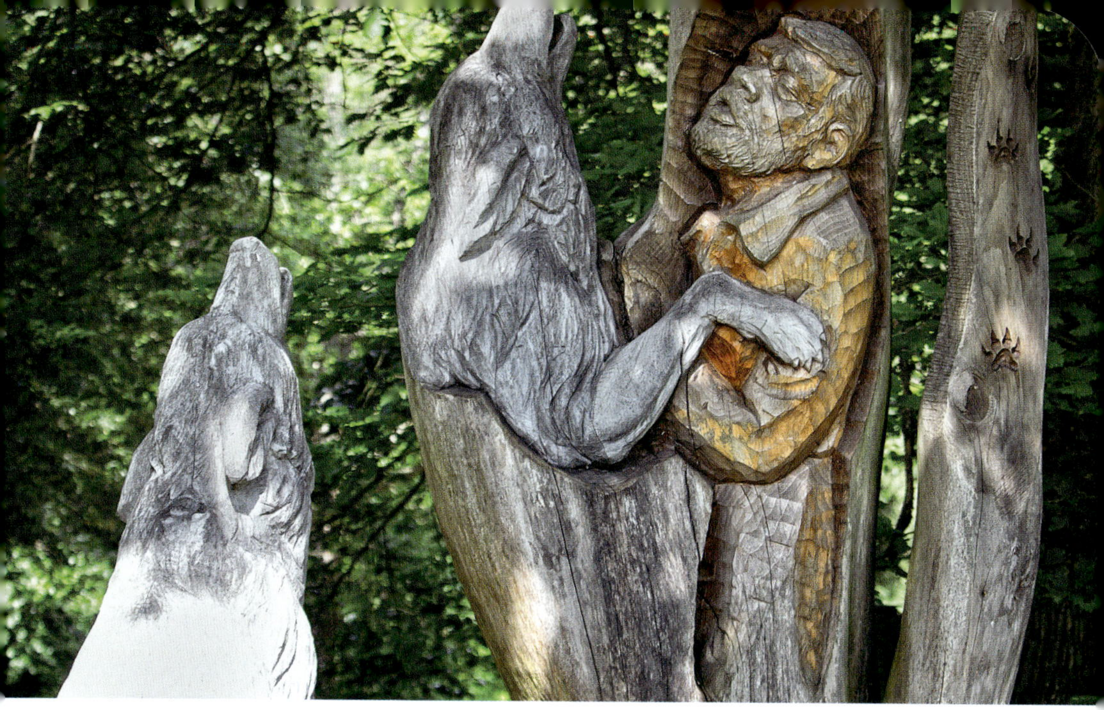

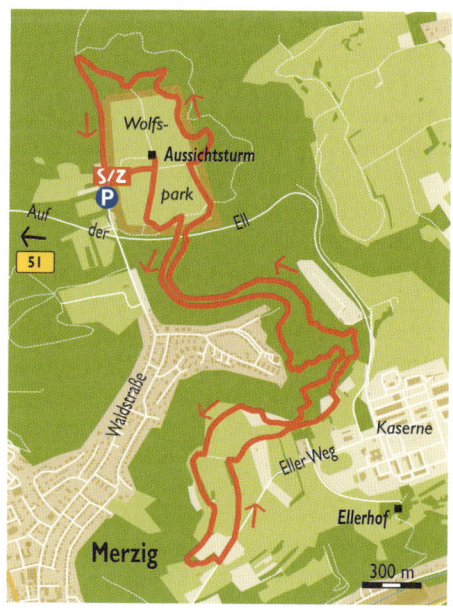

Werner Freund und seine Wölfe, verewigt in Holz am Eingang des Parks.

FAZIT: DER WOLFSPARK BIETET EINE ABWECHSLUNGSREICHE STRECKE MIT URWALDFEELING. ZU JEDER JAHRESZEIT EIN BESONDERES ERLEBNIS.

Hin & weg: Start und Parken am Wolfspark oder Garten der Sinne. Der Wolfsweg ist ausgeschildert und in beiden Richtungen begehbar.

Beste Zeit: April–Oktober. Der Wolfspark ist ganzjährig geöffnet, mehr Infos auf der Internetseite (www.wolfspark-wernerfreund.de). Wer nach Schließung am Wolfsgehege ankommt, folgt der ausgeschriebenen Ausweichroute.

Dauer & Strecke: 4 Std. ohne Pausen. 9,8 km, 100 hm.

Ausrüstung: Festes Schuhwerk für Trittsicherheit, Fernglas, Proviant.

SAGENHAFTE GIPFELTOUR

... zum Litermont bei Nalbach

#23

Froschparadies, weißer Hirsch, Teufelsschlucht – der 414 Meter hohe Litermont bietet Stoff für Märchen. Kein Wunder, bei dieser Kulisse! Auf Bohlen über plätschernde Bäche, durch üppigen Wald und über seilgesicherte Vulkanfelsen hinauf zum Gipfelkreuz – alpiner Spaß im Naturpark Saar-Hunsrück.

#Froschkönig #Märchenwald #schroffeFelsen #raufzumGipfelkreuz

Kurz mal anhalten. Dann geht's weiter durch das nächste märchenhafte Bachtal zum Berggipfel.

Augen zusammenkneifen, da oben schimmert es golden durch die üppigen Baumkronen: das Gipfelkreuz. Dahin geht's. Start ist der Wanderparkplatz am Ortsrand von Nalbach bei Saarlouis.

Wer das Drehkreuz durchschreitet, betritt eine märchenhafte Welt. Ein Gnom mit roter Zipfelmütze zeigt den Weg. Stöckelschuhe ungeeignet, Wanderschuhe gefragt. Daran er-

innert das Holzportal über dem Gehweg zusammen mit der Aufschrift »Litermont Gipfel-Tour«.

Der Boden ist schwarz und matschig, ringsum glitzern Wasserpfützen. Über die Quelle des Etzelbachs geht's auf Holzbohlen, weiter auf Waldboden und unter dem Blätterdach von Buchen, Eichen und Fichten hindurch zum Froschparadies.

Garantiert nicht langweilig! Diese Wanderung führt über Holzbrücken und federnden Waldboden und bietet jede Menge Abwechslung.

schönsten Abschnitte des neun Kilometer langen Rundwegs. Auf der geschwungenen Ruhebank kann man sich stärken und den Oberschenkeln Mut zusprechen: Der Aufstieg steht bevor.

Es sieht nicht weit aus, doch die letzten Meter haben es in sich: an dicken Tauen festhalten, hochziehen und über die Felsen und Spalten vulkanischen Ursprungs hinwegtreten. Die Belohnung? Eine grandiose Aussicht vom Gipfelkreuz, die Fernblicke zum Hunsrück mit dunklen Fichten und zum Saartal mit Saarpolygon (Eskapade #13) bis nach Frankreich erlaubt. So schnell will man von hier nicht fort – außer der Magen knurrt.

Dann heißt es weiterziehen, durch einen Waldabschnitt mit bizarren Felsbrocken, vorbei am »Druidenstein« zu Margrets Bauernstube (www.margrets-bauernstube.com). Hier gibt es kühle Getränke und Speisen mit saarländisch-französischem Touch (Freitag bis Sonntag).

Zum Abschluss geht's durch die Teufelsschlucht. Nicht erschrecken. Der Name ist Programm und der Namensgeber gut getarnt. Auch hier helfen Seile, den felsigen Abstieg zu meistern. Geht das in die Knie. Morgen gibt's Muskelkater.

Tipp: Erwachsene mit Kindern finden am Fuße des Litermont unweit des Wanderparkplatzes einen tollen Walderlebnispfad, wo man Wald-

Wird er sich in einen Prinzen verwandeln? Groß genug ist er, der riesige Laubfrosch aus Holz, stilecht mit Krönchen. Er bleibt leider stumm, also besser dem vielversprechenden Quaken folgen, das auf einen schmalen Trampelpfad nach unten lockt. Nicht ausrutschen oder stolpern, hier ist volle Konzentration gefragt. Das Froschparadies ist eine ehemalige Sandgrube. Seltene Pflanzen, wie fleischfressender Sonnentau, und Amphibien finden hier Schutz. Darum geht's auf dem Holzsteg durch das Feuchtbiotop.

Runter bedeutet, es geht auch wieder hoch. Langweilig wird es nie, unterwegs warten Mariengrotte, Bienenhotel, Wassertretbecken. Dann heißt es raus aus dem Wald, rauf auf die Höhe. Windräder und Getreidefelder passieren, im Slalom durch den Kiefernwald und dem Maldix-Wilderer-Trail folgen, einem der

Fast da – ein kurzer Blick aufs Saarpolygon, dann an die Seile, über Felsspitzen zum goldenen Kreuz.

xylophon und Hörmemory spielen oder Kunstwerke aus Naturmaterialien fertigen kann. Das macht Spaß!

Hin & weg: Mit der Bahn bis Saarlouis oder Dillingen, dann mit den Bussen 401, 403 oder 466 bis Nalbach Kirche oder Piesbach Kirche, von dort zu Fuß. Mit dem Auto zum gebührenpflichtigen Maldix-Waldparkplatz am Ende der Etzelbachstraße in Nalbach. Daneben liegt das Hotel-Restaurant Litermont, im Sommer mit Biergarten (www.restaurant-litermont.de).

Beste Zeit: Mai–Oktober. Der Weg erfordert gute Wanderschuhe, Kondition und Trittsicherheit. Bei Nässe zu rutschig, bei Sturm tost Maldix um das Felsmassiv – dann lieber nicht.

Dauer & Strecke: 3,5–4 Std. und 9 km für die Gipfeltour einplanen. Auf 6 Std. und 18 km kommt die Traumschleife Litermont Sagenweg. Ein toller Sonntagsausflug!

Ausrüstung: Wanderstiefel, wettergemäße Kleidung, Wasser, Proviant.

FAZIT: NATURLIEBHABER, GIPFELSTÜRMER, MÄRCHENFREUNDE – AUF DIESER TOUR KOMMEN ALLE AUF IHRE KOSTEN.

ZWISCHEN DAMALS UND HEUTE

⋛ ... mit dem Pedelec unterwegs im Warndt ⋚

#24

Was bleibt von Stahlhütte, Bergwerk und Steinbruch? Keine Sorge! Bei diesem Radausflug spielt ein liebreizender Wald die Hauptrolle. Natur und Relikte aus der Industriekultur leben hier neben- und miteinander. Dank Motor ist die rund 50 Kilometer lange Tour auch etwas für sporadische Pedalritter.

#EBike #Grubengold #Industriecharme #UNESCO #überGrenzen

Der Weg zum UNESCO-Weltkulturerbe Völklinger Hütte lässt sich am besten mit dem E-Bike erradeln.

Das Auto abstellen und aufs Pedelec steigen. Mit dem Drahtesel vom historischen Gutshof Linslerhof (www.linslerhof.de) rollen und der Autostraße bergauf in den Wald folgen. Dank Motorhilfe geht das ohne Schweißperlen auf der Stirn. Am zweiten Parkplatz auf der rechten Seite auf den Saarland-Radweg wechseln und links halten. Ruhig das Tempo drosseln. Gemütlich am Weiher entlangfahren und die vielfältigen Farbschattierungen von Tannen, Farnen und Birken genießen, von leuchtend gelben Goldruten und bunten Schmetterlingen. Was früher Jagdrevier und Adligen vorbehalten war, ist heute Erholungsgebiet für Fußgänger, Läufer und Radfahrer.

Kurz strampeln, um aufs Plateau zu kommen. Dann die Hugenottenstraße hinabbrausen. Huiii! Die Dörfer Ludweiler und Geislautern passieren und der Rossel bis zur Saar folgen.

Nach 20 Kilometern ist das erste Etappenziel, das Weltkulturerbe Völklinger Hütte, erreicht. Das ehemalige Eisenwerk mit seinen wechselnden Ausstellungen ist einen Besuch wert. Getränke und kleine Speisen gibt es im Café Umwalzer oder im Biergarten Bistro B 40.

Nach der Besichtigung des imposanten Industriedenkmals geht es zurück. An Tankstelle und Supermarkt vorbei, unter der Autobahn hindurch der Rossel folgen bis Geislautern. Jetzt links herum und rechts in Richtung Großrosseln abbiegen. Von Weitem ragt der lindgrüne Förderturm des Erlebnisbergwerks Velsen gen Himmel. Bei einer Führung (Termine und individuelle Terminvereinbarungen online unter www.erlebnisbergwerkvelsen.de) zeigen Mitarbeiter, wie der Steinkohleabbau an der Saar funktionierte. Walzenlader, Förderbänder, Pumpstationen und Transportbah-

Glück auf! Ein paar Kohlewagen erinnern noch an die Grubenzeit. Ansonsten haben Flora und Fauna übernommen.

nen kommen zum Einsatz. Bergmannsklei-dung und eine Fahrt mit dem Personenwagen gehören auch dazu.

Dann geht es hin und her zwischen den Landesgrenzen. Nach Petite-Rosselle, Großrosseln, an Bächen vorbei zum Blockhaus Am St. Nikolaus Weiher (www.blockhaus-saarland.de). Wer mag, kostet hier saarländische Klassiker wie »Hoorische« oder »Dibbelabbes«. Oder man fährt weiter nach Karlsbrunn, vorbei an Velostation, Spielplatz und Wildpark.

Kontrastreich ist der Übergang von der Grünen Lunge zum Steinbruch Carrière Barrois in Freyming-Merlebach. Ein weiteres Highlight: Vom Aussichtsturm öffnet sich der Blick über einen riesigen künstlich erzeugten Krater, Sandsteinfelsen, Seen und begrünte Hänge. Eine imposante Schlucht, in der die Natur wild wachsen darf. Was für ein Abschluss!

Tipp: Mit eigenem E-Bike ist ein Start am Bahnhof Völklingen möglich. Für eine verkürzte Tour ohne Abstecher zum Linslerhof einfach zum Warndtweiher abbiegen und die Tour nach Lauterbach fortsetzen.

FAZIT: MIT DEM E-BIKE EASY ZWISCHEN INDUSTRIEDENKMÄLERN UND GANZ VIEL GRÜN UMHERROLLEN.

Hin & weg: Mit dem Auto über die B269 nach Überherrn zum Linslerhof. Dort gibt's E-Bikes zu leihen, auch an Sonntagen. Am besten vorher reservieren (über www.travelbike.de oder anrufen).

Beste Zeit: Frühsommer–Herbst.

Dauer & Strecke: 5–8 Std. mit dem E-Bike samt Pausen/Besichtigungen. Die Tour ist ca. 50 km lang.

Ausrüstung: E-Bike, Getränke und Fahrradhelm.

WO BÜFFEL BADEN

 ... Radtour zum Biotop Beeden bei Homburg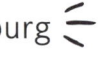

#25

*Zotteliges schwarzes Fell, nach oben
gebogene Hörner und die Liebe zu Matsch
und Schlamm: In der Beeder Bliesaue sind
die Wasserbüffel die Stars. Weißstörche,
Koniks, Heckrinder und Biber fühlen sich
in der Auenlandschaft genauso wohl.
Fernglas und Kamera schnappen und mit
dem Rad anpirschen.*

#Auenbewohner #BiosphärenreservatBliesgau #Tierparadies #Naturschauspiel

Spitze Hörner, wacher Blick: ein
Heckrind in Habachtstellung.

Einmal im Kreis rund um den Kirkeler Wald
herum. Diese Eskapade verbindet die Orte
Blieskastel, Kirkel, Limbach, Beeden und Bierbach. Los geht's am Bahnhof von Blieskastel-
Lautzkirchen und über die Neunkircher Straße
raus aus dem Ortsteil. Vorbei am Schwarz-
weihertal mit Wassertretanlage. Nach zwei
Kilometern endlich von der Straße runter.
Ein Stückchen auf Schotter, über den Kirkeler
Bach und auf einem Naturweg hinein in
den Wald.

Eine kleine Pause ist drin, oder? Im Sommer
bei schönem Wetter lockt das Naturfreibad in
Kirkel-Neuhäusel – natürlich ohne Chlor und
mit einer großen Liegewiese. Den Radweg
verlassen und über die Straße Im Talgarten
am Mühlenweiher vorbei zum Schwimmbad
im Unnerweg fahren. Wer (noch) keine Lust
auf Baden hat, strampelt weiter zur Kirkeler
Burg und zum höchsten Punkt auf 279 Meter
Höhe. Auf einer Schotterpiste geht's anschließend bergab bis nach Limbach. Jetzt ruhig die
Gelegenheit nutzen, im Solarfreibad zu planschen, abzukühlen oder faul in der Sonne zu
liegen. Die Wasserbüffel machen das genauso. Natürlich nicht im Freibad. Eine
feuchte Abkühlung gibt es am Flusslauf der
Blies allerdings auch.

Angekommen im Naturschutzgebiet Beeder
Bruch, drängt die Frage: Sind sie das?

Nein. Das sind Heckrinder mit dunkelbraunem und beigem Fell. Ziemlich wachsam beäugen sie die Zaungäste. Und ihre Hörner sind ziemlich spitz. Wie schnell sie wohl die Brombeersträucher, Disteln und dünnen Drahtseile überwinden könnten? Lieber weiter. Den Drahtesel am Beobachtungsturm parken, das Fernglas auspacken und das Teleobjektiv montieren, um aus sicherer Distanz die dösenden Wasserbüffel beobachten zu können, die vor sich hin grasen, im Schlamm versinken, durch die Mulden waten.

Kurz vor Sonnenuntergang, zur goldenen Stunde, wenn die Sonne tief am Himmel steht und alles in warme Gelb- und Rottöne taucht, ist es äußerst schön hier. Leuchtende Tupfer – das sind die Gefieder von Silberreihern, Kranichen und Wildgänsen. Leicht zu erkennen sind die weißen Federn und orangefarbenen Schnäbel des seltenen Weißstorchs auf der grünen Wiese.

Noch zehn Kilometer bis zum Ende der Tour. Dem Flusslauf der Blies folgen, zwischen der Klosterruine Wörschweiler und dem Römermuseum Schwarzenacker über Bierbach zurück nach Blieskastel radeln. Im hübschen Barockstädtchen kann man den Ausflug ausklingen lassen. Falls das E-Bike leer ist, am Rathaus gibt's eine Ladestation. Derweil schön sitzen und Bananenweizen, Eistee oder Radler zischen? Das geht direkt am Bliestal-Freizeitweg, einer ehemaligen Bahnstrecke, im Biergarten Sonnenhof (www.sonnen hof-blieskastel.de). Salate, Deftiges, gefüllte Klöße und Flammkuchen gibt's auch. Ein runder Abschluss.

Mit dem Fahrrad den Lebensraum von Büffeln und Vögeln erkunden, bis das Licht der Abendsonne das Biotop zum Abschluss in eine ganz besondere Stimmung taucht.

FAZIT: GEMÜTLICHE RADTOUR ENTLANG DER BLIES. WASSERBÜFFELN BEIM MATSCHBADEN ZUSCHAUEN? TOTAL ENTSPANNEND. DA BEKOMMT MAN LUST AUF DIE NÄCHSTE SCHLAMMPACKUNG.

Hin & weg: Mit dem Zug oder Auto zum Bahnhof Blieskastel-Lautzkirchen.

Beste Zeit: Ganzjährig.

Dauer & Strecke: 2 Std. und 25 km für die steigungsarme Radtour. Mit Pausen, Besuchen und Tierbeobachtung ist man locker vom Mittag bis zum Abend unterwegs.

Ausrüstung: Fahrrad, Fernglas, ggf. Kamera mit Teleobjektiv. Eventuell Badesachen. Hotel zur Post und Puls-Sport verleihen auch E-Bikes (am besten vorher anfragen).

Hier
25 m

Betreten der
Bahnanlage
verboten!

LANGSAM
SLOW
RALENTIR
RALLENTARE

12

SCHLITTELN OHNE SCHNEE

➤ … beim Sommerrodeln am Peterberg ➤

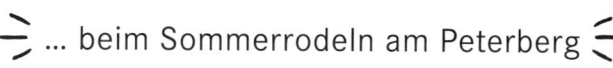

#26

Schlittenfahren geht nur im Winter? Von wegen. In kurzen Hosen und bei T-Shirt-Wetter lässt man sich am Peterberg, südlich von Braunshausen, zuerst auf 584 Meter hochziehen und braust dann den Berg hinab. Bis zu 40 Kilometer pro Stunde sind möglich. So macht Rodeln Spaß!

Erst einmal gemütlich den Berg hinauf, Seilzug sei Dank. Der Adrenalinkick kommt später – bei der rasanten Abfahrt ins Tal.

fahren, schon staut es sich hinter einem. 25 Meter Mindestabstand, so viel muss drin sein. Und nach ein paar Minuten klappt das In-die-Kurve-Legen schon viel besser. Das rasante Tempo gefällt zunehmend, der nächste Rallyefan ist geboren.

Rechts, links, hui. Schon vorbei? Dann raus aus dem roten Flitzer. Anstellen. Noch eine Runde. An der Technik feilen. Bestzeit aufstellen. So lange ins Tal flitzen, bis die Bahn Feierabend macht oder der Magen knurrt.

Bisher war's entspannt. Gemächlich den Berg hochrattern. Der Karawane folgen. Nichts tun, außer in die Sonne blinzeln und über die Schulter zum Hunsrück blicken, zu den Windrädern und Tannenwipfeln. Minutenlang die Aussicht genießen. Der Lift macht das schon.

Klack. Das Zugseil löst sich vom Bob. Jetzt ist Konzentration gefragt. Der Schlitten rattert gemächlich, nutzt das leichte Gefälle. Braust schneller und schneller durch die Wanne hinab ins Tal. Da war doch was? Ach ja, die Bremsen. Rechts und links jeweils ein Knauf. Nach vorne drücken – los geht's. Nach hinten ziehen – bremsen. So weit klar. Da wäre nur noch die Zentrifugalkraft. Wenn Körpermassen durch Kurven fliegen, kann das extrem rasant werden oder zum Stillstand führen. Nicht schwungvoll genug in die Kurven ge-

Wer eine Pause braucht, kann sich im Bistro mit Sonnenterrasse stärken. Oder man packt das mitgebrachte Picknick im weißen Beduinenzelt aus. Dann ab auf die Filzmatten. Wellen und Röhren hinunterrutschen: vier Rutschen nebeneinander, alle 40 Meter lang mit jeweils drei Wellen. Das ruft nach Familienduell. Wer ist am schnellsten unten? Auf die Plätze, fertig, los!

Beim Bungee-Trampolin springen Kinder und Erwachsene, an Seilen und Gurten gesichert, bis zu acht Meter hoch. Wie ein Astronaut, Comicheld oder Grashüpfer. Viel zu schnell vergeht ein Tag im Höhen- und Geschwindigkeitsrausch. Bis zum nächsten Mal.

Nach der Abfahrt kann man im Biergarten entspannen. Alle, die es nicht abwarten können, machen sich gleich wieder auf zur nächsten Rodelrunde.

FAZIT: WER EINMAL HIER WAR, WILL NIE WIEDER AUFS RODELN VERZICHTEN. MIT KARACHO DEN BERG HINAB – SO LANGE, BIS DER NÄCHSTE SCHNEE FÄLLT.

Hin & weg: Mit dem Auto geht es über die A1 nach Braunshausen. Den Schildern zum Sport- und Freizeitpark Peterberg folgen. Parkplätze sind vorhanden.

Beste Zeit: April–Oktober bei trockenem Wetter. Geöffnet Mittwoch–Sonntag und an Feiertagen (mehr auf www.freizeitzentrum-peterberg.de).

Dauer: Ab 1 Std., am besten mehrere Fahrten, Pausen und Wartezeit einplanen.

Ausrüstung: Wettergemäße Kleidung, Taschen und Rucksäcke können an der Bobstation geparkt werden.

EIN HERZ FÜR MOORE

> ⤐ ... im Nationalpark Hunsrück-Hochwald ⤐

#27

Unterhalb des Erbeskopfs befindet sich ein jahrtausendealtes Feuchtgebiet. Es vor dem Austrocknen retten, bewässern, ihm Raum zum Atmen lassen – das ist Pionierarbeit. Die Wasserspeicherer und Klimaschützer von morgen dürfen hineinwachsen. Zurück zur wilden Natur, ohne Einfluss von Menschenhand ist das Ziel.

#Moorliebe #Überlebenskünstler #Urwaldvonmorgen #Schwammland

Im Nationalpark dominieren Nadelbäume. Das soll sich ändern – die Moore sollen zurückkehren.

Dunkle, meterhohe Fichten reihen sich wie Spargelstangen aneinander. Wenige Sonnenstrahlen schaffen es durch das dichte Nadeldach hinunter zum moosbewachsenen Hang. Hier soll's zum Moor gehen? Ja!

Die Ochsentour, so der Name des rund neun Kilometer langen Rundwanderwegs, startet am Ortsrand von Börfink. Er führt hinein in den Nationalpark Hunsrück-Hochwald. Der dichte Fichtenwald ist ein Teil davon. Noch. Denn ein geringer Teil der nicht standortheimischen Baumart soll weichen und Platz machen für ein ursprünglicheres Biotop. Die Vision ist ein Schritt zurück in die Zeit, bevor Menschen den Wald rodeten, den schnell wachsenden Rohstofflieferanten pflanzten und die Moore entwässerten.

Über sprudelnde Wildbäche, vorbei an uralten Buchen, geht es stetig bergauf zum Ochsenbruch. Da kommt die Hirschtränke wie gelegen mit herrlich kühlen Getränken aus dem Bach für durstige Wanderer. Wasser gibt es schon mal, das Moor ist also nicht mehr weit.

Übrigens: Im Hunsrück werden die Moore Brücher genannt, und Mittelgebirgshangmoore heißen Hangbrücher. Ab einer Höhe von 700 Metern ziehen sie sich 1,5 Kilometer hangabwärts. Betreten streng verboten, Staunen erlaubt.

Wanderer finden mitten im Wald eine kühle Erfrischung.

Über einen leicht wippenden Holzsteg geht es durch das sensible Ökosystem. Im Rücken der Wald, nach vorn freier Blick aufs Moor. Farne, so weit das Auge reicht. Ein ungewohnter Anblick. Die Informationstafel klärt auf. Nach dem Wiederherstellen des naturnahen Lebensraums wird es hier eher nach Sumpflandschaft aussehen. Nach kurzer Zeit wachsen Moorbirke und Erle, Moosbeere, fleischfressendes Sonnentau, Wollgras und Torfmoos. Zusammen bilden sie eine natürliche Staumauer, die verhindert, dass Regenwasser bergab fließt – und somit, dass Hochwasser in den Flusstälern entsteht. Das nennt man Teamarbeit vom Feinsten!

Mehr über die geheimnisvollen Moore und den artenreichen Nationalpark ist im Informationszentrum Hunsrückhaus in Hilscheid zu erfahren. Interaktiv, mit Experimentierstatio-

nen, wird der Wissensdurst von Groß und Klein spielerisch gestillt. Noch mehr Nationalparkwissen vermitteln kostenfreie Rangertouren und kostenpflichtige Erlebnistouren (auch barrierefrei und in Gebärdensprache; weitere Informationen unter www.nationalpark-hunsrueck-hochwald.de).

Der einzige Moorlehrpfad im Naturpark Saar-Hunsrück befindet sich südlich von Morbach am Fuße des Idarwalds. Über Bohlenstege geht es trockenen Fußes durch den Ortelsbruch. Ob Natur- und Waldlehrpfad, Wanderwege und Wassertreten im Nixenweiher oder Nordic-Walking-Pfad, Waldspielplatz, Grillhüten und »Schatztruhen« fürs Geo-Caching – zahlreiche Aktivitäten werden rund ums Moor geboten. Es ist wirklich ein Naherholungsgebiet für alle. Wanderer und Familien mit Kindern entdecken auf der Ölmühlen-

Noch im Werden: Auf einem Holzsteg geht's durch das Moor von morgen.

tour in rund 3 Stunden und 8 Kilometern alle Highlights. Und werden mit einem fantastischen Ausblick auf den Hunsrück belohnt.

Hin & weg: Am besten mit dem Auto. Zum Ochsenbruch: nach Börfink über die L165. Start am Wanderparkplatz an der Alten Mühle oder Forellenhof Trauntal, In den Quellwiesen. Zum Hunsrückhaus mit Bistro: nach Hilscheid zum Erbeskopf über die L164. Zum Ortelsbruch: nach Morbach. Start der Wanderung an der Historischen Ölmühle, Schmausemühle. Zum Abenteuerspielplatz mit Parkplatz: über Hochwaldstraße.

Beste Zeit: Zu jeder Jahreszeit zeigt sich das Moor anders – mystisch im Winter, farbenfroh im Frühling, knallgelbe Arnikawiesen im Sommer. Im Herbst lässt sich dem Röhren der Hirsche »laustern«.

Dauer & Strecke: Für die Wanderwege 2-3 Std, 8-9 km. Am besten einen vollen Tag mitbringen, um den Nationalpark zu erkunden.

Ausrüstung: Wanderschuhe, einen Rucksack mit Proviant. Es gibt tolle Rastplätze.

> **FAZIT: MOOREN BEIM WACHSEN ZUSEHEN IST WIE EINE REISE DURCH DIE ERDGESCHICHTE – MIT SCHWAMMIGEN HELDEN.**

ÜBERS WASSER SPAZIEREN

 ... in Ernst und Ediger-Eller

Warum anstatt ins Boot nicht mal aufs Board steigen? Lospaddeln und über den Fluss gleiten? Die grünen Weinberge vom Wasser aus bewundern? Verleihstationen, die es möglich machen, finden sich an der Mosel. Die Trendsportart Stand Up Paddling (SUP) lernt man schnell. Jede Menge Spaß ist garantiert.

#raufaufsBrett #Flussgleiten #Paddelzeit #SommerSonneSonnenschein

Ab aufs Board! Den Dreh hat man schnell raus.

Die Sonne lacht, der Himmel strahlt. Perfekt, um motorlos durchs kühle Nass der Mosel zu gleiten. Im Tipi erst mal Badesachen überziehen. Sonnencreme auftragen, Schwimmweste anziehen, Brett und Paddel schnappen. Dann hinab zum Flussufer, Board zu Wasser lassen, bis die Finne ausreichend schwimmt, und aufsteigen.

Bis zum sicheren Stand auf dem Brett erst einmal kniend Gleichgewicht finden. Die Beine hüftbreit in der Mitte des Boards platzieren. Jetzt sind Druck- und Zugarm dran. Der Druckarm greift das Paddel am oberen Griff, liegt auf der gegenüberliegenden Paddelseite und drückt von oben. Der Zugarm greift schulterbreit unter dem Griff und zieht den Holm von vorne nach hinten. Den Arm dabei schön durchstrecken. Zusammen mit dem Oberkörper entsteht so ein Dreieck. Um vorwärtszukommen, heißt es: einstechen, am Brett vorbeiziehen, Paddel zurück nach vorne

Perfekt für heiße Sommertage: Am Moselufer warten Boards und Kanus auf Wassersportler, die nebenbei eine herrliche Aussicht genießen möchten.

holen, umgreifen, Seitenwechsel. Zweimal rechts, zweimal links. Das klappt? Dann kann man sich langsam aufstellen. Erst das eine, dann das andere Bein. Den Blick beim Aufstehen auf den Horizont richten, nicht aufs Brett. Sonst macht's plumps. Das Gefühl, auf rohen Eiern zu stehen, vergeht nach einigen Minuten. Und schon paddelt man in traumhafter Kulisse auf seinem persönlichen Kreuzer den Fluss entlang.

Stechpaddeln macht Spaß! Der Wellengang vorbeifahrender Schiffe und Boote sorgt für den gewissen Kick.

Auf der Mosel herrscht ein reges Treiben. Güter- und Ausflugsschiffe, Motorboote und Flusskreuzer sind unterwegs. Darum in Ufernähe immer schön zwischen den grünen und roten Bojen bleiben. Die Minischiffswellen, die hier ankommen, sind aber eine willkommene Abwechslung zum ansonsten sehr entspannten Fortbewegungsmittel.

Shaka – die Hand zur Faust schließen, den Daumen und kleinen Finger abspreizen und lässig die vorbeifahrenden Schiffsausflügler grüßen. Das ist Hawaii-Feeling pur. Wie schön, das eigene Tempo und die eigene Route bestimmen zu können.

»Suppen« kann man hier ab einer Stunde. Dann bleibt man einfach in der Nähe der Verleihstation, übt das Wenden oder versucht sich in Yogapositionen. Ein paar Stunden braucht es von Ernst bis Klotten oder Treis, vorbei am Felsmassiv Brauselay und der wunderschönen Burg Cochem. Die Strecke von Ediger-Eller bis nach Poltersdorf oder Ernst schafft man an einem Tag. Dabei paddelt man durch einen der schönsten und kurvenreicheren Abschnitte der Mosel, passiert die Insel Taubengrün. Die unberührte Insel ist ein Rückzugsort für Eisvögel und Kormorane. Weiter geht's nach Beilstein mit der Burg Metternich und zum Schluss durch die Bootsschleuse bei Fankel. Ein unvergessliches Erlebnis mit Wiederholungspotenzial.

FAZIT: SUP MACHT UNGLAUBLICH VIEL SPAß UND IST DIE NACHHALTIGERE ALTERNATIVE ZUR FLUSSKREUZFAHRT.

Hin & weg: Mit der Buslinie 711 oder mit dem Auto über die B49 nach Ernst oder Ediger-Eller. Am Flussufer nach hellblauen Wohnwagen und Kanubooten Ausschau halten.

Beste Zeit: Bei Badewetter und Windstille. Boards können von Ostern bis Anfang November (je nach Wetterlage) gemietet werden.

Dauer: Für den Anfang reicht 1 Std., danach gerne länger.

Ausrüstung: Badesachen und Sonnenschutz. Wer hat, bringt seine eigene Ausrüstung mit. Brett, Paddel, Schwimmwesten, wasserdichte Säcke werden sonst aber auch bei den Verleihstationen von www.mosel-kanutours.de angeboten.

BURGEN-HOPPING

 ... rund um Cochem ⁅

#29

Insgesamt 16 Kilometer und 745 Höhen-meter bilden eine anspruchsvolle Tages-tour zur Cochemer Reichsburg und Burg-ruine Winneburg, die fantastische Ausblicke aufs und ganz viel Ruhe abseits des wuseligen Moseltals bietet. Wer es gemütlicher mag: den Rundweg in zwei Etappen laufen und den Sessellift nutzen.

Zwei Burgen, die unterschiedlicher nicht sein könnten. Die Winneburg schlummert im Dornröschenschlaf …

pelsessel aus genießen. Egal auf welchem Weg, der erste Anstieg ist geschafft. Das Moseltal liegt einem zu Füßen. Was für eine Aussicht auf Hunsrück und Eifel!

Weiter über die Moselhöhen geht es auf ebenem Weg durch grüne Wälder zur Wackelei. Das ist Postkartenpanorama pur – mit Mosel, Cochem, Reichsburg und Burgruine Winneburg im Blick. Dann wieder hinab ins Tal der wilden Endert am Hotel Weißmühle vorbeiwandern, den Endertbach überqueren und beim Campingplatz rechts den beschotterten Weg zum nächsten Etappenziel beschreiten.

Die Holzbrücke bringt einen über den Graben, wo die verlassenen, mit Moosen, Gräsern und Bäumen überwucherten Mauerreste der Höhenburg darauf warten, erkundet zu werden. Bergfried, Palas, zwei Halbtürme, Torhalle und Burghof – schaurig schön ist es hier. Kein Wunder, um den Ort rankt sich eine düstere Legende: Um die Burg fertigzustellen, soll der Baumeister einen Pakt mit dem Teufel geschlossen und seine Tochter bei lebendigem Leib in die Grundmauern eingeschlossen haben. Die Burg wurde fertig, der Rest ist Geschichte. Einen kurzen Blick in die mit Spinnweben überzogenen Türme und Kerker wagen? Knarzen. Rascheln. Ist da jemand?

Die Waden zwicken, die Hände umklammern die Rucksackgurte fester. Ja, der Aufstieg ist anstrengend. Der Abstieg auch. Wer durch das tief eingeschnittene Seitental der Mosel streift, braucht Kondition und Zeit. Hinauf, hinab. Von Tal zu Tal. Von Burg zu Burg. Dabei lassen sich alle landschaftlichen Facetten des Mosellandes erleben: von markanten Felsklippen über rebenbestandene Berghänge bis zu dichten Waldpassagen. Diese Tour zieht alle Register, und sie belohnt die Strapazen mit einem malerischen Flusspanorama und prachtvollen Burganlagen.

Vom Carlfritz-Nicolay-Platz oder Bahnhof Cochem geht's zur Sesselbahn in der Endertstraße. Entweder zu Fuß in Serpentinen durch die Weinberge hinauf zum Aussichtspunkt Pinnerkreuz wandern. Oder Kräfte sparen und die gemütliche Fahrt mit Aussicht vom Dop-

Wenn die Fantasie beginnt, Streiche zu spielen, ist es Zeit weiterzuziehen – zu Wilhelmshöhe, Antoniuskopf und Hubertushöhe. Moselschleife, Cochem, Hunsrück. Da ist er wieder, dieser grandiose Ausblick. Mit lockeren Knien und wippenden Hüften durch das

... während die Reichsburg in Cochem als bekanntes Wahrzeichen und Touristenmagnet stolz über der Mosel thront. Mit der Seilbahn sind anstrengende Aufstiege im Nu gemeistert.

Tal der Märtschelt hinab zur Reichsburg (www.reichsburg-cochem.de) spazieren. Stolz thront sie über dem Moseltal. Rittersaal, Jagdzimmer und Kemenate können im Rahmen einer Burgführung besucht werden. Regelmäßig finden auch Rittermahle statt.

Hin & weg: Mit der Bahn nach Cochem. Los geht's am Carlfritz-Nicolay-Platz.

Beste Zeit: Ganzjährig, außer bei Eis und Schnee. Felsige Passagen können nach starkem Regen rutschig sein.

Dauer & Strecke: Für die komplette Tour ca. 7 Std. und 16 km. Die Tour ist als Acht gestaltet, somit können auch zwei Halbrunden absolviert werden. Aus- und Zustieg ist ein Zuweg gegenüber der Sesselbahn, der über die Victoriahöhe zur Wilhelmshöhe führt.

Ausrüstung: Gute Wanderschuhe, Proviant, Getränke.

FAZIT: DIE MOSEL FERN VON SCHIFFS- UND RADAUSFLUG ERLEBEN, SICH VERAUSGABEN UND GLÜCKLICH INS BETT FALLEN.

IN HÖCHSTER HÖHE

 ... über dem Mörsdorfer Bachtal

*Mit 360 Meter Länge zählt die Hänge-
seilbrücke Geierlay zu den längsten in
Europa, bis 2017 war sie sogar die längste
Deutschlands. Mitten im Hunsrück,
100 Meter über dem Boden, verbindet sie
die Dörfer Mörsdorf und Sosberg.
Schwanken, schwingen, staunen –
Nervenkitzel pur. 24 Stunden am Tag.*

#Schnappatmung #Wackelpuddingbeine #HochgenussHunsrück

Durchhänger? Die Hängeseilbrücke Geierley in Mörsdorf ist nichts für schwache Nerven.

Windräder, grasende Milchkühe, Getreidefelder, dichte Wälder und schroffe Felsen – so zeigt sich der Hunsrück. Mitten im Hunsrück, im beschaulichen Mörsdorf mit knapp 700 Einwohnern, ist die Geierlay-Brücke der Publikumsmagnet. Die meisterhafte Hängeseilbrücke zieht Besucher aus Deutschland und der Welt an.

Seit dem Festzurren des letzten Stahlseils im Jahr 2015 waren über 950 000 Besucher auf oder an der Brücke, zum Drübergehen, -hüpfen, -laufen, Rad- und Kinderwagenschieben, Anstehen, Staunen, Fotoknipsen. Und um abzuwägen: Wie wackelig ist es auf der Brü-

cke? Wie viele Menschen hält sie aus? Und was passiert, wenn Wind, orkanartige Böen und Gewitter über den Hunsrück fegen?

Das Wetter im Hunsrück ist wechselhaft. Wenn im Mosel- und Rheintal, dort, wo der Wein wächst, die Sonne scheint, kann es im Hunsrück stürmisch-nass sein. Bei Gewitter und Orkan geht's gar nicht erst auf die Brücke. Auf dem rutschigen Holzboden und der (gefühlt) mächtig schwankenden Brücke gerät man ins Taumeln. Windgeschwindigkeiten von über 200 Kilometern pro Stunde soll die Brücke standhalten. Windabspannseile stabilisieren, das weiß der Kopf. Sicherheitsgurte wie

Nicht nach unten schauen: Wackelbeine und ein schwankender Gang sind normal.

im Flugzeug gibt es nicht. Dann lieber im Besucherzentrum warten und heißen Kakao schlürfen. Nach dem Unwetter zurück zur Brücke. Aber nicht auf dem 1,5 Kilometer langen befestigten Weg. Wie wäre es mit einer Trekkingtour rund um die Geierlay? Etwa zweieinhalb Stunden braucht es, die Schleife zu laufen. Sensationell, der Blick aus der Froschperspektive auf die ausgeklügelte Stahlkonstruktion und Menschen, die darauf wie Ameisen umherwuseln.

Bis zu 50 Tonnen, das sind 600 Menschen, trägt die nach nepalesischem Vorbild gebaute Seilbrücke gleichzeitig. An Wochenenden füllt sich der Holzsteg beachtlich. Alle wollen einmal rüber, ein Erinnerungsfoto schießen. Wer schafft es ohne Wackler? Tückisch ist der kleine Zwischenraum zwischen Holzboden und Drahtgitter. Da flutscht schnell etwas

durch. Also Kameras und Mobiltelefone bitte schön festhalten!

In der Mitte der Brücke, dem tiefsten Punkt, kurz innehalten. Zum Brückenende schauen. Die Kulisse aus Schieferfelsen, Abhängen und Baumwipfeln auf sich wirken lassen. Den Wolken beim Tanzen zuschauen. Nach Geiern Ausschau halten. Mutig über die Fußspitzen ins Tal blicken, den Bachlauf erspähen.

Geschafft! Von einer Holzbank aus kann man anderen Besuchern bei ihren zögerlichen Schritten zusehen. Bis man federnden Schrittes und stolz wie Bolle den Rückweg antritt.

Tipp: 85 Zentimeter breit ist der Brückenweg. Fahrräder und Kinderwagen schieben ist kein Problem. Rollstuhlfahrer brauchen einen schmalen Untersatz mit guten Bremsen. Die letzten Meter sind unbefestigt und ziemlich steil. Am besten in Begleitung kommen.

Hin & weg: Mit dem Auto nach Mörsdorf, zum Besucherzentrum Geierlay in der Kastellauner Straße 23. Parkleitsystem und kostenpflichtige Parkplätze. Die Einnahmen aus den Parkgebühren sichern die Instandhaltung der kostenfreien Hängeseilbrücke. Fair! Geheimtipp: Wenn's in Mörsdorf zu voll ist, ab nach Sosberg. Vom Parkplatz zur Brücke sind es nur 1,9 km.

Beste Zeit: Ganzjährig. An Wochenenden wird es voll. Infos zu besonderen Veranstaltungen und Aktionen sind unter www.geierlay.de einsehbar.

Dauer & Strecke: Etwa 1–2 Std. Vom Besucherzentrum zur Brücke sind es 1,5 km. Mit Wanderung auf der Geierlay-Schleife (6,4 km), Pausen, Fotoshooting auf der Brücke, Kaffee und Kuchen einen halben Tag einplanen.

Ausrüstung: Es gibt kein schlechtes Wetter, nur falsche Kleidung. Auch im Sommer lieber mal die Regenjacke einpacken. Kamera nicht vergessen!

FAZIT: NERVENKITZEL FÜR ALLE! IM MORGENNEBEL UND AM SPÄTEN ABEND SIND TOLLE FOTOMOTIVE GARANTIERT.

AUF ASPHALT SURFEN

 ... vom Hunsrück an die Mosel

Es muss nicht gleich Kalifornien sein. Lässig auf einem Holzbrett durch die Gegend rollen kann man auf dem Ruwer-Hochwald-Radweg genauso. Der bietet astreinen Asphalt, kilometerlanges Gefälle – einmal anstupsen und ab über 20 Brücken, vom Hochwald zu den Weinbergen. 400 Höhenmeter und 49 Kilometer purer Fahrspaß.

Skaten geht auch im Sitzen. Stärkung gibt's am Selbstbedienungsautomaten mit regionalen Produkten.

Dieses Gefühl, wenn der Wind sanft durchs Haar streicht und kein Wölkchen den blauen Himmel trübt, während man an dichten Wäldern, goldenen Getreidefeldern, Burgen, Seen und Weinreben vorbeirollt … Kurz anstoßen, Gleichgewicht finden und endlos weiterrollen, dem Flusslauf der Ruwer folgend.

Bis es lässig aussieht und sich auch so anfühlt, lautet die Devise: üben, üben, üben. Anfänger und Langstreckenfahrer steigen auf ein Longboard oder einen Cruiser. Die breiteren und längeren Geschwister des Skateboards ignorieren dank großer Rollen Steinchen und Unebenheiten. Wer müde ist, setzt sich einfach aufs Brett und rollt so weiter.

Neben dem passenden Brett braucht es geeignetes Terrain, das heißt breite Asphaltwege ohne Autoverkehr und Hindernisse. Die

Bahntrasse des Ruwer-Hochwald-Radwegs ist ein idealer Übungsplatz. Insgesamt 49 Kilometer lang ist die Freizeitstrecke für Radler, Skater und Inliner. Der Weg kann in beiden Richtungen befahren werden. Um in den Genuss des Rollens zu kommen, dient der Bus als Lift von Trier hinauf in die Hunsrückhöhen, theoretisch bis Hermeskeil. Zwischen Hermeskeil und Reinsfeld muss man zunächst pushen, bis es endlich bergab geht. Der Höhenunterschied ist zu gering.

Für Skater wird's ab Reinsfeld interessant. Verpflegung und Rastplätze sind unterwegs kein Problem. Das Fahren auf Puddingbeinen lässt sich prima an der Unteren Ruwer zwischen Mertesdorf, Waldrach und Sommerau ausprobieren. Der größte Höhenunterschied liegt zwischen Pluwigerhammer und Zerf. Auf der zwölf Kilometer langen Strecke zeigt sich

Kilometerlange Asphaltstrecken machen Anfänger zu Profis.

die Ruwer von ihrer wilden Seite. Eisvögel und Gebirgsstelzen sind hier zu Hause.

Wer sein Brett beherrscht und bremsen kann, begibt sich auf einen unvergesslichen kilometerlangen Asphalttritt der Sonne entgegen.

Hin & weg: Zwischen Mai und Oktober verkehrt der RegioRadler (RR200) an Samstagen, Sonn- und Feiertagen und an schulfreien Wochentagen entlang der Strecke (mehr unter www.regioradler.de). Einstiege und Parkplätze für Autofahrer sind auf www.ruwer-hochwald-radweg.de zusammengestellt.

Beste Zeit: Bei Sonnenbrillenwetter, der Asphalt muss trocken sein.

Dauer & Strecke: Zum Üben 2 Std. So lange steigern, bis man die Strecke von insgesamt knapp 50 km an einem Stück hinabcruisen kann.

Ausrüstung: Longboard oder Cruiser. Hand-, Knie-, Ellenbogen- und Kopfschutz. Feste Schuhe mit flacher Sohle, Rucksack, Wasser, Sonnenschutz.

FAZIT: SUPER, UM DIE ZEIT BIS ZUM NÄCHSTEN WELLENRITT ZU ÜBERBRÜCKEN ODER ETWAS NEUES ZU LERNEN.

WO DER WEIN WÄCHST

 … zwischen Neumagen-Dhron und Trier

#32

Sonne, Steilhänge, Schieferboden. Schon die Kelten schätzten das Moseltal, um hier die ersten Tropfen anzubauen. Die Römer wussten damit zu handeln. Seit Jahrtausenden sind Mosel und Weintrinken eng verbunden. Mit Schiff und Rad unterwegs zwischen dem ältesten Weinort und der ältesten Stadt Deutschlands.

#RömischeWeinstraße #Moselradweg #steileHänge #Sterntour

Römisches Lebensgefühl an der Mosel. Weinberge sonnen sich, Boote schaukeln im Wasser.

Gemütlich geht es los. Morgens in Trier am Zurlaubener Ufer das Ausflugsschiff nach Bernkastel-Kues besteigen – das Rad kommt mit. Hoch aufs Sonnendeck, Aussichtsplatz sichern. Das Schiff legt ab, fährt nach Norden, passiert Schweich, Mehring und die Schleuse in Detzem. Es gleitet durch die sanften Flussschlingen der Mosel, an römischen Villen und kleinen Dörfern mit Weinausschank vorbei. Rechts und links: Weinreben, so weit das Auge reicht. Einige wachsen in unmittelbarer Ufernähe, andere ziehen sich an den Steilhängen den Berg hinauf. Dort ist die beste Lage zum Sonnenbaden. Und, wenn der Wind richtig steht, zum Drachenfliegen.

Nach 2,5 Stunden Schifffahrt, auf halber Strecke zwischen Trier und Bernkastel-Kues, heißt es anlegen, in Neumagen-Dhron auf der rechten Moselseite. Runter vom Schiff und den ältesten Weinort Deutschlands erkunden. Touristenströme wie in den großen Orten entlang der Mosel gibt es hier nicht. Unscheinbar wirkt der Winzerort. Dabei ist Neumagen nach

Los geht's im urigen Winzerort Neumagen-Dhron. Dort in einer Straußwirtschaft stärken, dann ab aufs Rad.

Original des Grabmals eines Weinhändlers steht heute im Rheinischen Landesmuseum Trier. Gemütlich in einer Straußwirtschaft einkehren, neuen Wein und Flammkuchen probieren. Dann ab aufs Rad und die Mittelmosel vom Land aus entdecken.

Obwohl es die gleiche Strecke ist, langweilig wird diese Tour keineswegs. Vom Wasser und vom Land aus zeigt die Mittelmosel verschiedene Gesichter. Weinreben lassen die Bergrücken wie Flickenteppiche erscheinen. Nur die höchsten Ausläufer des Hunsrücks tragen Bäume und bilden kleine dunkle Waldabschnitte. Nun wird es Zeit, die Winzerorte zu entdecken.

Trier einer der wichtigsten Standorte für römische Funde, die der Archäologische Rundweg verbindet. Einfach dem »fröhlichen Steuermann« entlang der Römerstraße folgen und das weltberühmte Römische Weinschiff entdecken, das Wahrzeichen des Ortes. Das

Tipp: Wer einen sportlichen Aufstieg nicht scheut: Eskapade #18 in Leiwen. Köwerich, Thörnich und Mehring reihen sich wie Perlen an einer Schnur am Flusslauf entlang. Die römische Villa Rustica und die teilweise rekonstruierte Villa Urbana lohnen ebenfalls

Lebendige Kulturgeschichte: Die Römer haben die Mosellandschaft nachhaltig geprägt. Bis heute sind Fluss und Wein eng miteinander verbunden.

einen Abstecher. Straußwirtschaften und Winzerhöfe laden zum Zwischenstopp ein.

Hin & weg: Mit Bahn & Bike nach Trier. Ausflugsschiffe nach Bernkastel-Kues fahren mehrmals wöchentlich von April bis Oktober ab Zurlaubener Ufer (Infos und Fahrpläne: www.moselrundfahrten. de). Der Fahrradbus RegioRadler 333 verkehrt an Wochenenden, Feiertagen und in den Schulferien auf der Strecke Trier-Bernkastel-Kues (Infos und Reservierung: www.regioradler.de).

Beste Zeit: April–Oktober. Am schönsten im Spätsommer und Herbst, wenn sich das Laub der Weinreben verfärbt und in den Dörfern Weinfeste stattfinden.

Dauer & Strecke: 2,5 Std. Schifffahrt, 3 Std. Radtour und ca. 45 km auf ebener Strecke.

Ausrüstung: Rad mitbringen oder ausleihen (Radverleih direkt am Gleis 11 am Bahnhof Trier, fahrradstation.bues-trier.de). Bequeme Kleidung, Sonnenschutz, Fahrradtasche – dann ist Platz für ein paar Weinflaschen. Ein schönes Mitbringsel.

Nach rund drei Stunden (ohne Weinproben) dürfte man auf der linken Flussseite in Trier einrollen. Mariensäule, Kaiser-Wilhelm-Brücke und die Turmspitzen des Doms sind von Weitem zu sehen. Bevor es über die Römerbrücke zur Porta Nigra und zurück ins Stadtleben geht, empfiehlt sich ein Abendessen im kleinen Restaurant Herrlich Ehrlich (www. herrlichehrlich-trier.de). Vom Hinterhof der Europäischen Kunstakademie aus hat man einen tollen Blick auf Trier und die Mosel. Sommerterrasse, Tavernenstühle, internationale Küche, Bar, Café runden das Ganze ab.

FAZIT: UNTERWEGS AUF DER RÖMISCHEN WEINSTRASSE, ZU WASSER UND ZU LAND. DIESE SCHIFFFAHRT-RADSPAß-KULTUR-GENUSS-TOUR HAT EINFACH ALLES.

RAUF ZUM REFUGIUM

 ... Mountainbiketour nach Kastel-Staadt

 **#33**

Hoch oben thront sie auf einem Fels-plateau, die Klause. Von hier öffnet sich der Blick auf bizarre Bundsandsteinfelsen, Wald, Weinberge, die Saarburg und den Hunsrück. Dahin geht's. Sportlich auf dem Mountainbike, bei unvergesslicher Aus-sicht. Und die Schweißperlen trocknen bei der rasanten Abfahrt.

Für diese Eskapade braucht es ein Rad mit mehreren Gängen – und Durchhaltevermögen. Oben angekommen, belohnt der Blick aufs Saartal aber alle Mühen.

Endlich oben! Unten zieht der Fluss Schleifen. Boote, Häuser, Autos, Radfahrer – alle winzig klein. Schroffe Felsen, Wald, Weinberge, die wie Teppiche an den Steilhängen kleben. Der Blick richtet sich aufs Weingut Schloss Saarstein, das über dem Ort Serrig schwebt. Und dahinten, da ist die mittelalterliche Burg.

Der zurückgelegte Radweg ist gut zu sehen. Von Saarburg nach Serrig, am Fluss entlang, über die Staustufe. Jetzt geht's nicht hinunter zum Saar-Radweg, sondern die Straße hinauf. Strampeln, durch die Kurve, der erste steile Anstieg, aber nur 1,5 Kilometer. Bei der Abzweigung nach Hamm rechts hinein in den dichten Wald fahren, von der Straße auf den Naturweg. Auf den nächsten Kilometern den Puls beruhigen und das Schalten nicht vergessen. Über Schotter geht es durch das idyllische Pinschbachtal. Dem Bachlauf durch Mischwald folgen. Erste rote Sandsteinfelsen kommen in Sicht. Bis zum Dorf Kastel-Staadt sind es knackige 230 Höhenmeter. Ungeübten Mountainbikern brennen die Waden, auf den letzten 1,5 Kilometern besonders. Und Profis behaupten, das sei eine Einsteigertour.

Oben angekommen, kann man die Aussicht dann umso mehr genießen, zum Beispiel vom Elisensitz. Er soll der Lieblingsplatz der Kronprinzessin Elisabeth von Bayern gewesen sein. Oder vom Mahnkreuz am Ende des Ehrenfriedhofs oder von der Grabkapelle. Die Klause ist Pilgerstätte, Rückzugs- und Zufluchtsort. Der Eingang zur Klause liegt links neben der Alten Kirche (Öffnungszeiten unter www.saar-obermosel.de; kleine Eintrittsgebühr). Zum Refugium gehört die Kapelle

Die sportliche Tour führt durch den Wald hinauf zum Rückzugsort auf einem Felsvorsprung.

St. Helena. Architekt Karl F. Schinkel schmückte die Grabkapelle mit Rundbogenfries, bunten Verglasungen und Marmorsarkophag. Das Gedenkkreuz ist heute eine Stahlskulptur, die nachts leuchtet und aus dem Zugfenster gut zu sehen ist auf der Reise zwischen Mettlach und Saarburg.

Es geht zurück aufs Rad. Über den Saargau, vorbei an Streuobstwiesen, immer bergab. Man genießt freie Sicht über das Leuktal, fährt durch Mischwald bis nach Saarburg. Geschafft. Zum Abschluss ein Eis oder etwas Herzhaftes? Weinliebhaber sollten unbedingt ein Glas probieren! Früher Geheimtipp, heute Weltklasse: die Saar-Rieslinge. Schön sitzt es sich draußen in der Oberstadt an der plätschernden Leuk rund um den Wasserfall.

Tipp: Keine Lust auf Fahrradfahren? Dann die Wanderstiefel schnüren und die Traumschleife Kasteler Felsenpfad laufen.

FAZIT: RICHTIG AUSPOWERN TUT GUT! DIE RUHE DES PINSCHBACHTALS UND DIE AUSSICHT SIND DEN STEILEN AUFSTIEG WERT.

Hin & weg: Mit Bahn & Bike nach Saarburg. Die sogenannte Schinkel-Tour ist nicht ausgeschildert. Sie folgt zum Teil dem Saar-Radweg, dem Saar-Hunsrück-Steig und der MTB-Route 1.

Beste Zeit: April–Oktober.

Dauer & Strecke: 3–4 Std. Radtour knapp 20 km.

Ausrüstung: Trekkingrad mit breiten Rädern, besser ein Mountainbike. Wasser. Gesunde Snacks.

EINMAL RUND UMS SCHLOSS

 ... in Veldenz

Durch sonnige Bachtäler, schattige Laubwälder, hinauf zu felsigen Aussichtspunkten und grandiosen Fernsichten: Auf dieser anspruchsvollen Tour durch die ehemalige Grafschaft kommen Wanderer ordentlich ins Schwitzen. Zum Glück warten erfrischende Überraschungen auf dem Weg.

#Hammerfelsen #Rittersturz #Weinschrank #Prachtburg #Urstromtal

Warm gelaufene Füße finden im eiskalten Bach die wohlverdiente Erfrischung.

Los geht die Eskapade in Veldenz. Das Städtchen liegt in einem Seitental der Mosel. Von Touristentrubel keine Spur. Durch die Hauptstraße passt gerade ein Bus. Am Rathaus mit türkisen Fensterläden sonnen sich rosarote Geranien. Ringsum Weinberge und Wald. Ein Schloss aus dem 16. Jahrhundert gibt es auch. Vom Dorfbrunnen in der Ortsmitte, dem Start des Tagesausflugs, ist es noch nicht zu sehen – aber vom Runden Hammerfelsen.

Dem weißen Quadrat mit grünen Querstreifen ins Hinterbachtal folgen, immer bergauf, bis zu einem Felsvorsprung. Stufen mit einem Holzgeländer führen auf die Felskuppe. Hier hat man alles im Blick: in der Tiefe das Tal mit einer Straße, die in den Hunsrück führt.

Rechts erheben sich in der Ferne die Berge der Eifel. Links weht das Fähnchen der ehemaligen Residenz des Grafen Georg Johannes. Die imposante Burganlage war einst die größte an der Mittelmosel. Das Ende der Tour liegt auf der gegenüberliegenden Seite.

Der Krimselpfad führt durch niedrigen Eichenwald. Tafeln am Wegesrand geben einen Einblick in die Geschichte der Region. Sie verraten auch, dass der schmale Weg einst eine Handelsroute war. »Eier- oder Butterpädche«, so der regionale Ausdruck, verbinden Hunsrück und Mosel.

Am Rastplatz Lorenzmühle plätschert kräftig der Hinterbach. Am Haken der Rasthütte

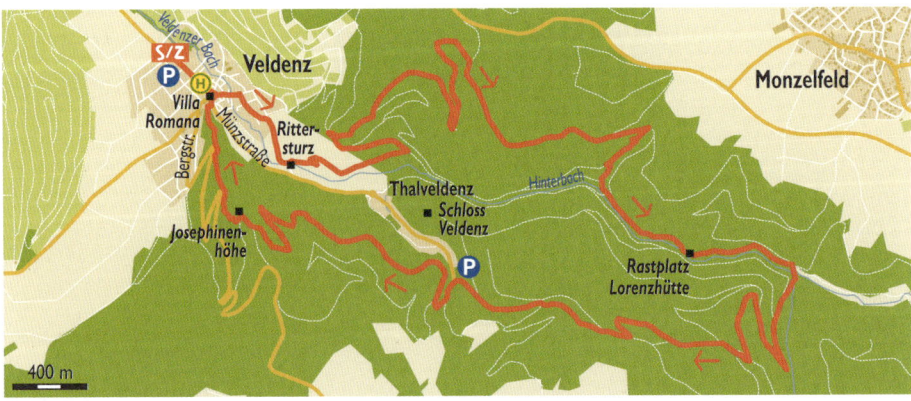

Das imposante Veldenzer Schloss kann für ein paar Silberlinge besichtigt werden.

hängt ein Handtuch bereit, das Holzschild verrät: »Hier entlang zum Wassertreten«. Also Schuhe und Socken aus und den großen Zeh vorschicken. Boah, ist das kalt! Doch wie gut das tut. Das von Ufer zu Ufer gespannte Tau ist nötig, denn die Steine im Flussbett sind glitschig und voller Algen. Dieser schöne Platz eignet sich hervorragend für eine ausgiebige Brotzeit, die für den nächsten Anstieg stärkt.

Zum Ende der Tour wird es knifflig. Tückisch, dieser Fels namens Rittersturz. Eine Tafel be-

Der Wanderweg hält jede Menge Überraschungen parat. Langweilig wird es unterwegs bestimmt nicht.

schreibt die teuflische Sage. Der Waldpfad zur Josephinenhöhe ist teilweise nicht mal zwei Fuß breit. Am Hang entlang kann man ins Straucheln kommen. Das ist aber alles vergessen, wenn der Blick frei wird auf das sonnige Moseltal. Wer Glück hat, findet ein prall gefülltes »Weinschränkchen« vor. Riesling und Sekt dürfen durstigen Wanderern zwar nicht mehr angeboten werden, aber Säfte. Sicherheitshalber trotzdem ausreichend Flüssigkeit mitnehmen. Der schöne Aussichtspunkt lädt zum Anstoßen ein, bevor ein steiler Abstieg nach Veldenz zurückführt. Dort geht's zum Schluss in eine Straußwirtschaft oder in den Garten der Villa Romana / Haus des Gastes.

Tipp: Von Frühjahr bis Herbst führt der Schlossherr regelmäßig durch das Innere von Schloss Veldenz (Infos zu Zeiten und Preisen auf www.schlossveldenz.com).

FAZIT: EINE ANSPRUCHS- UND WUNDERVOLLE TOUR. VELDENZ IST EIN SCHMUCKKÄSTCHEN, DAS MAN GERNE ÖFFNET.

Hin & weg: Mit den Buslinien 332 und 335. Der Fahrradbus RegioRadler Moseltal 333 fährt bis Mülheim, dann geht es mit dem Fahrrad weiter (ca. 15 Min.). Mit dem Auto über die L47/B53 und K88 nach Veldenz. Am Ortseingang gibt es einen großen Parkplatz mit Wohnmobilstellplatz.

Beste Zeit: Ganzjährig – die Gegend um das Schloss ist immer einen Besuch wert. Zum Wassertreten eignen sich die insbesondere die wärmeren Monate.

Dauer & Strecke: 5–6 Std. Rundweg ca. 14 km und 700 hm.

Ausrüstung: Wanderschuhe, Rucksack mit Proviant, Wanderstöcke, wer mag. Kleingeld für den Winzerschrank.

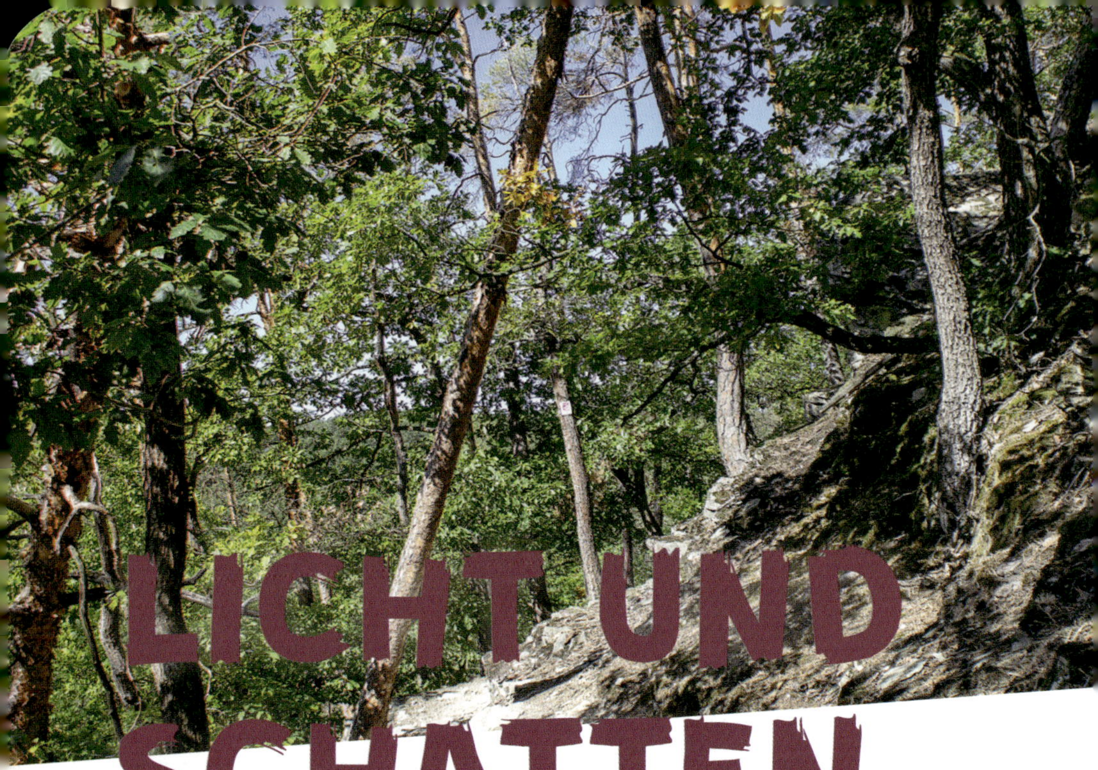

LICHT UND SCHATTEN

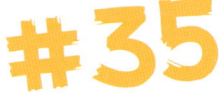

… in der Baybachklamm

#35

Abenteuer, Natur und Stille in einer Tour. Ob das geht? Ja! Im tief eingeschnittenen Tal des Baybachs im Hunsrück warten markante Schieferfelsen, plätschernde Bäche, alte Stollen und verlassene Mühlen. Der Weg: mal hell, mal dunkel, mal staubtrocken, mal matschig. Kein Asphalt, dafür ganz viel Wald.

#Canyon #GrafDracula #Klammwanderung

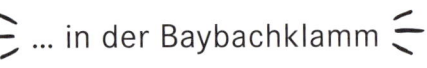

Rauf und runter: In der Baybachklamm wechseln sich nicht nur Licht und Schatten stetig ab.

Ausgangspunkt des Rundwegs ist der Parkplatz am Waldrand von Heyweiler, ein kleiner Ort zwischen Emmelshausen und Kastellaun im Hunsrück. Die Füße einmal auf dem schmalen Pfad, geht man gleich in die Knie, um steil bergab durch einen Eichenwald hinab ins Reich aus Licht und Schatten zu gelangen. Auf dem Weg ins Buchbachtal helfen Seile an schwierigen Passagen. Auch wenn gerade noch die Sonne durchs Laub blinzelte, bis hinunter in die Klamm schaffen es die Lichtstrahlen nicht. Die angenehme Kühle ist zum

Wandern ideal – und hilft beim bevorstehenden Anstieg zum Steffenshof. Nicht einmal 20 Einwohner leben im Dorf. Es gibt eine kleine Kapelle, eine Bushaltestelle, Ferienwohnungen. Dazu eine Schutzhütte für Wanderer – falls es urplötzlich mal wieder vom Hunsrücker Himmel tropft. Rundherum Wald und Wiesen. Für Ruhesuchende das nächste Ziel für einen Miniurlaub?

Es geht weiter bergab, tiefer hinein in die Klamm. Im Spätsommer plätschern Prinzen-

Tief eingeschnittene Schluchten, dicht bewaldete Berghänge: ein perfektes Wandergebiet.

nass und rutschig. Stahlseile helfen beim Überqueren der spitzen Felsen.

Jeden Herbst flattern Fledermäuse aus einer Entfernung von bis zu 100 Kilometern hierher. Sie verbringen ihren Winterschlaf in den ehemaligen Schieferstollen wie dem Klöckners Kaul. Von den 25 heimischen Fledermausarten sind zwölf im Baybachtal nachgewiesen. Um den einzigen fliegenden Säugetieren einen Schutzraum zu geben, sind die Stollen mit Gittereisen verschlossen.

Auf halber Strecke empfiehlt sich die Einkehr in der Schmausemühle direkt am Baybach (www.schmausemuehle.de). Das wunderschöne Hotel-Restaurant mit Außenterrasse ist beliebt bei Bikern, Familien, Wanderern und Urlaubern. An Wochenenden muss man reservieren oder länger warten. Das lohnt sich aber! Unbedingt Forelle aus dem eigenen Teich probieren oder die vegetarische Variante der »Gefillte Klees« (Gefüllte Klöße).

bach und Baybach eher gemächlich durch die Schlucht aus Schiefer. Im Wasser spiegeln sich Himmel, Bäume und Blätter. Blau, Braun, Grün – wie Farbkleckse auf einem Gemälde. An den schattigen Berghängen ist die Erde

Wo die Sonne nicht hinkommt und Wasser dominiert, kann es ganz schön matschig sein. Auf felsigen Abschnitten helfen Stahlseile.

Nachmittags gibt es eine Vesperkarte, davor und danach das volle Programm.

Wer es beim Schmausen nicht übertreibt, ist später dankbar. Die nächsten fünf Kilometer liegen bevor. Sie führen aus der Klamm zum höchsten Punkt der Tour und zurück zum Ausgangspunkt. Es geht zunächst parallel zum Baybach bergauf, und das heißt – leider! –, die Heyweiler Bauernmühle zu verlassen. Ist das Fachwerkhäuschen mit Holzsteg nicht bezaubernd? Im Sommer ein Eistee und die nackten Füße in den Bach tauchen, das wär's. Weiter dem Frankweiler Bach folgen. Aus dem Wald auftauchen, zurück ins Licht und in die wärmende Abendsonne treten. Am Ziel: abputzen bitte. Für Wanderer steht eine Schuhputzstation parat. So ist man einsatzbereit für die nächste Eskapade.

FAZIT: STEILE AUFSTIEGE. STEILE ABSTIEGE. WEIT UND BREIT KEIN AUTOLÄRM. DAS IST DER HUNSRÜCK VON SEINER ALLERSCHÖNSTEN SEITE.

Hin & weg: Mit dem Auto zum Wanderparkplatz in 56290 Heyweiler (Dorfstraße). Der Wanderparkplatz ist ausgeschildert.

Beste Zeit: Ganzjährig, außer bei Schnee und Glätte. Nach starken Regenfällen auf Matsch und glitschige Passagen einstellen.

Dauer & Strecke: 4–5 Std. und ca. 10 km für den Rundweg. Mit Pausen und Rast dauert die Tour entsprechend länger.

Ausrüstung: Wanderschuhe und, wer mag, Wanderstöcke. Hund und Kinder haben bestimmt auch Lust auf ein Abenteuer.

IM URWALD BAUMELN

 ... in Riegelsberg

 **#36**

Vor den Toren Saarbrückens befindet sich ein besonderes Naturschutzgebiet. Ein Versuchslabor quasi. Denn hier darf der Wald wieder wild wachsen. Bei der Dschungeltour darf die Hängematte nicht fehlen, um beim Hin- und Herpendeln zwischen Baumstämmen für maximale Entspannung zu sorgen.

So ist es recht: Mit Schlamm an den Schuhen in der Hängematte ausruhen und dabei den Regentropfen beim Herabfallen vom Himmel zuschauen.

Klick, klack. Die Karabiner sitzen, die elastischen Gummibänder geben nach. Die bunte Stoffbahn hängt zwischen zwei stabilen Baumstämmen leicht durch. Ob das hält? Zuerst mit dem Hintern rein, Beine hoch, zurücklehnen. Geht doch. Die anfängliche Skepsis weicht der Freude. Die Hände hinter dem Kopf verschränken, den Blick Richtung Baumkronen heben. Weiß-graue Wolken ziehen vorbei. Regentropfen prasseln sanft hinab. Bunte Laubblätter gleiten zu Boden. Die Augen schließen und lauschen. Knarzen, Plätschern, Rascheln – da ist jede Menge los im Unterholz. Das sanfte Schwingen in der Luft wirkt wie eine Einschlafhilfe. Eindösen? Unbedingt erwünscht. Genial, diese Hängematte.

Die »Baumelstationen« liegen am Wegesrand und sind mit einem quadratischen Logo markiert. Eine schwarze Hängematte vor weißem Hintergrund lockt mit dem Angebot »To stay«. Wer keine Hängematte hat oder nicht weiß, ob das schwerelose Gefühl gefällt, leiht sich eine. Auf www.urlaub.saarland gibt's Infos zu lokalen Verleihstationen und Wanderwegen.

Los geht's an der Scheune Neuhaus, einem Informationszentrum (www.saar-urwald.de). In der multimedialen Ausstellung dreht sich alles um die Themen Wald und Wildnis, und ganzjährig starten hier Führungen. Am Ende der Tour bietet sich das Restaurant Forsthaus zur Einkehr an (www.forsthausneuhaus.de). Die Urwaldtour ist rund acht Kilometer lang und führt auf schmalen Pfaden oder Waldwegen durch den ehemaligen Saarkohlenwald, an Bächen und kleinen Waldseen vorbei. Seit 1997 wird in diesem Schutzgebiet nicht mehr

Hier, wo sich Bäume im Wasser spiegeln, laden Hinweisschilder zum Abhängen ein.

»aufgeräumt«, das bedeutet, was fällt, bleibt liegen und wird zu neuem Lebensraum für Flechten, Pilze oder Moose.

Entsprechend wird der Weg zur Kletterpartie. Da braucht es feste Schuhe und einen sicheren Tritt. Im Herbst, nach tagelangem Regen, gleicht der Boden Pudding. Aber wann hat man zum letzten Mal bis zu den Knöcheln im Schlamm gestanden? Wenn niemand sie stört, kommt auch die ganze Wildschweinbande zum Graben in ihre Wellnessoase. An solchen Tagen gleicht der Urwald eher einem Regenwald. Dunst hängt zwischen Himmel und Erde. Baumwurzeln ragen überirdisch hervor. Im Weiher spiegeln sich Äste. Ein Ort wie auf einem anderen Kontinent.

FAZIT: WENN MATSCH AN DEN SCHUHEN KLEBT, DIE SEELE BAUMELT UND IM HERBST KAUM JEMAND UNTERWEGS IST — DANN KOMMT ECHTES DSCHUNGELFEELING AUF.

Hin & weg: Mit der Straßenbahn (Saarbahn) aus Saarbrücken zur Haltestelle Heinrichshaus/Von der Heyd. Dann zu Fuß weiter, am Naturfreundehaus Kirschheck vorbei (alternativer Start). Fürs Navi: Forsthaus Neuhaus, 66115 Saarbrücken.

Beste Zeit: Ganzjährig.

Dauer & Strecke: Rund 3 Std. und 8 km für den Rundweg. Entsprechend länger mit Baumeln, Nickerchen und Einkehr.

Ausrüstung: Wanderschuhe, Rucksack, Hängematte. Saarland-Touren-App (kostenfrei), darin sind die Baumelstationen markiert.

155

VERLIEBT IN LAMA & ALPAKA

 … in Seibersbach

Sanftmütig sind die flauschigen Trendtiere aus Südamerika. Und ideale Begleiter auf einer Wanderung durch Wald und Wiesen. Nur der Abschied fällt ziemlich schwer. Zum Glück liegt die Lamawohnhütte mitten im Hunsrück und nicht weit weg in den Anden.

#Lamatrekking #flauschigeWanderfreunde #Karawane #Soonwald

Ein Alpaka, zwei Spaziergänger – wer hier wohl wen führt?

Zwischen Stromberg und Seibersbach, am Rande des Naturparks Soonwald-Nahe, sind sie zu Hause. Die Villa Autland beherbergt insgesamt 14 Vierbeiner mit markantem Kamelgesicht und Stupsnäschen. Ihr Fell ist weiß, schwarz oder braun gefleckt wie bei einer Giraffe. Bei den exotischen Bewohnern handelt es sich um Lamas und Alpakas. Und die lassen sich an Halfter und Leine von Tierfreunden durch die Natur führen.

Bevor es auf Wandertour geht, gibt es eine Runde Speeddating. Petra und Lisa legen Wert darauf, dass Tiere und Menschen sich aneinander gewöhnen. Dazu finden sich Besucher zuerst in der Lama-Wohnhütte ein. Unter den neugierigen Augen der Wiederkäuer bewegt sich die erste flache Hand langsam in Richtung Tierhals. Beim Anblick der grünlichen Schaumkrone zwischen den schiefen Zähnen kommt zwangsläufig die Frage auf: Spucken Lamas? Ja, aber auf Menschen eher selten. Nur in bedrohlichen Situationen. Die Spucke riecht zwar unangenehm, tut aber nicht weh. Schlimmer sind ein Tritt mit den Hinterbeinen oder ein Biss.

Es folgen etwas Know-how zu Geschichte und Eigenart der Tiere, zu Vorsichtsmaßnahmen sowie ein Wollfühltest. Dann geht's los!

Wer nimmt Seppel? Bonito? Avatar? Pro Vierbeiner: zwei Zweibeiner. Die anfängliche Zurückhaltung verfliegt. Schnell haben alle ihren Wanderpartner begrüßt und das erste Selfie mit Lama geschossen. Dann heißt es: auf in den Wald zum Stausee!

Verschmust, sensibel, schelmisch, neugierig: Nach ein paar Stunden inmitten der Karawane entwickelt sich ein Gespür für den Charakter der einzelnen Tiere. Zudem ist das Wandern in ihrem Tempo eine völlig neue Erfahrung. Wie lange eine Tour dauert, weiß man nie so

In der Karawane geht es auf Entdeckungstour. Die sensiblen Lamas und Alpakas sind stets aufmerksam. Pausenzeit für Tier und Mensch darf nicht fehlen.

genau. Verzögerungen ergeben sich etwa durch kollektive Pinkelpausen beim Durchqueren eines Bachs. Das langsame Vorankommen tut unheimlich gut. Das neue Zeitgefühl erlaubt es, einen Gang runterzuschalten.

Wachsam sind die Tiere. Sie wittern Wildtiere, wie Rehe oder Wildschweine, viel früher als Menschen. Und bloß diese Pferde nicht aus den Augen lassen. Wer ist hier die Attraktion – Schweif oder Puschelschwanz? Lieber grazil auf Schwielensohlen weiterziehen.

Das Tempo wird schneller. Es ist Zeit für eine Pause, und Lama und Alpaka wissen, wo es saftiges Gras gibt. Anbinden, den Proviant abschnallen und zugreifen. Durchatmen, es läuft prima. Schade, dass der Rückweg viel zu schnell vorbei ist. Da hilft nur Wiederkommen oder ein Souvenir aus molliger Alpakawolle.

FAZIT: MIT LAMA UND ALPAKA DURCH DEN SOONWALD ZIEHEN – EIN BESONDERES WANDERERLEBNIS FÜR ALLE. DA WERDEN SELBST HARTE KERLE ZU SCHMUSETIGERN.

Hin & weg: Mit dem Auto zur Villa Autland am Ortsrand von Seibersbach.

Beste Zeit: Das ganze Jahr über. Zum Kräutersammeln, Ins-Herbstlicht-Eintauchen oder Glühweintrinken – bei Wind und Wetter geht's mit den Vierbeinern raus an die frische Luft (Anmeldung auf www.hunsrueck-lamas.de).

Dauer: Von der Schnuppertour bis zu einem halben Tag, in der Gruppe zu festen Terminen oder nach individueller Vereinbarung.

Ausrüstung: Feste Schuhe und wettergemäße Kleidung. Smartphone fürs Selfie mit sanftem Wanderbuddy.

KRAXELN FÜR ANFÄNGER

 ... in Erden

#38

Schon mal durch Weinberge geklettert? Superstar ist der Calmont, der steilste Weinberg Europas. Wer sich dessen Erklimmung (noch) nicht zutraut, findet im Erdener Treppchen an der Mittelmosel ein prima Übungsterrain. Drei Routen, drei Schwierigkeitsgrade. Das macht Lust aufs Klettern!

Auf Schiefer und über Klettersteige geht es hoch hinauf in die Weinberge.

Los geht's an der Moselbrücke. Der Wanderparkplatz liegt am Kreisverkehr, gegenüber hält der Bus. Mit Wanderschuhen und Rucksack mit Proviant auf die andere Flussseite wechseln. Am Ende der Brücke links auf den Asphaltweg abbiegen – der Wegweiser verrät, wo es langgeht. Immer geradeaus, sanft bergauf. Durch die Weinberge bis zu einer Sackgasse und auf ins Abenteuer!

Man hat freie Sicht auf das Großbauprojekt Hochmoselbrücke, die das gesamte Moseltal überspannt. Zu Füßen liegen der Ortskern von Erden, der Campingplatz und Frachtschiffe, die sich durch den Fluss manövrieren. Jetzt geht's über den Schienenlauf der Monorackbahn hinein ins Kletterrevier. Gerade so passt ein Fuß neben den anderen. Wären die Schieferplatten doch nur nicht so glatt! Schilder informieren: Trittsicher- und Schwindelfreiheit sind Pflicht. Bei Nässe besser umkehren. Dann kommen die ersten Stufen, eine Steigleiter, der Picknickplatz. Hier lässt sich prima

Sie sind imposant und schön anzusehen, die zahlreichen Rebstöcke. Besonders vom Wasser oder Radweg aus. Wie mag der Blick aus den Weinberghöhen hinab ins Tal sein? Einfach mal ausprobieren und zu Fuß Meter um Meter den Schieferberg erklimmen.

Mal einen anderen Blickwinkel bietet sich bei dieser besonderen Klettertour vom Weinberg aus über die Mosel hinweg zum Hunsrück.

die Aussicht genießen und mal ordentlich durchatmen. Die Wackelpuddingbeine vom Aufstieg und der zunehmenden Höhe beruhigen. Überall auf der porösen Felswand sind signierte Schieferblättchen zu entdecken.

Grüne und gelbe Route sind an dieser Stelle bereits gemeistert. Geht es weiter auf der roten? Dafür braucht es zwar Ausdauer, aber wer schon mal so weit oben ist, packt auch die letzten kniffligen Passagen. Belohnt wird das mit einem grandiosen Blick vom Gipfel über die Hunsrückhöhen und das geschlängelte Band der Mosel hinweg. Der Rückweg bergab ist zwar nicht so anstrengend wie bergauf. Doch das Köpfchen muss mitmachen, und man achte darauf, die Schritte taktisch zu platzieren, um nicht auszurutschen. Erreichen die Füße erst wieder Asphalt, trabt es sich von selbst zurück zum Parkplatz.

FAZIT: KRAXELN, SO LANGE MAN KANN UND MAG. PERFEKT ZUM REINSCHNUPPERN, BEVOR DER CALMONT RUFT.

Hin & weg: Mit Auto oder Bus zum Kreisverkehr an der L 189/Brückenstraße zwischen Erden und Lösnich. Kostenfreier Wanderparkplatz vorhanden. Dann zu Fuß weiter.

Beste Zeit: April–Oktober. Bei Regen lieber nicht, das ist schon im Trockenen eine schwammige Angelegenheit.

Dauer & Strecke: Je nach Kondition und Pausenstopp ein paar Stunden oder einen Tag einplanen. Es gibt eine grüne (3 km), gelbe (4 km) und rote (4,5 km) Route. Eher für geübte Wanderer.

Ausrüstung: Knöchelhohe Wanderschuhe, Proviantrucksack, Sonnenschutz – vor allem im Sommer wird es brütend heiß in den Weinbergen. Dann lieber frühmorgens starten.

SPRUDEL-WASSER

 ... in der Ehrbachklamm <

#39

Im Herbst zeigt sich das Naturschauspiel im Ehrbachtal von seiner imposanten Seite. Am besten gegen den Uhrzeigersinn und mit robustem Schuhwerk durch die Klamm stiefeln, wenn sich das leise Flüsschen zum rauschenden Bach verwandelt. Denn hierhin geht's nur zu Fuß. Wasser marsch!

#ganzschönKlamm #MiniMaxiWasserfälle #Rutschpartie #Schlucht

Nach Regen zwar ziemlich glitschig, aber dafür haben Naturliebhaber die Klamm fast ganz für sich allein.

Endlich! Der Ehrbach nahe Oppenhausen plätschert, blubbert und tost wieder. Nach der Sommerpause, nach den ersten Herbststürmen und Regenfällen, kehrt das Wasser zurück in die wildromantische Schlucht im Hunsrück. Moose saugen den Regen auf wie trockene Schwämme. Wassertropfen hängen schwer an den Farnen. Weiße und braune Pilze sprießen aus dem Boden und auf Baumstämmen. Einige tragen einen schützenden Hut auf dem Stiel, andere einen nach oben geklappten Regenschirm. Es geht über massive glitschige Felsen. Feste Schuhe und ein trittsicherer Gang sind nötig, um bei nassem Wetter sicher durch die Ehrbachklamm zu streifen. In Felsen gehauene Stahlseile, Stufen und eiserne Trittleiter helfen bei den kniffligsten Passagen.

Zur abenteuerlichen Schlucht in einem Seitental der Mosel sind es drei Kilometer. Los geht's am Wanderparkplatz und dann stetig bergab über Feldwege, an Wiesen und Obstbäumen vorbei mit freier Sicht über die

Hunsrückhöhen. Nun heißt es eintauchen in den Mischwald, wo Regentropfen leise auf das Blätterdach in Herbstfarben prasseln und sich Laubblätter durch die Luft schwingen, um sanft auf dem aufgeweichten Waldboden zu landen. Quer über die sogenannte Stierwiese mit Schutzhütte stiefeln und an der Flussbrücke links hinab ins Flusstal dem Lauf des Ehrbachs folgen.

Sanftes Plätschern und Gurgeln schwillt zu tosendem Rauschen an. Am Ende der rund zwei Kilometer langen Klamm führt eine Holzbrücke an einem Naturschauspiel vorbei. In der Größe zwar nicht zu vergleichen mit jenen in den Alpen, aber schön anzuschauen ist der Wasserfall im Miniformat allemal.

Wer möchte, unternimmt einen Abstecher zur Ruine Rauschenburg. Vom Tal geht es zurück auf die Höhe, über einen schmalen Stieg zum Aussichtspunkten mit Blick auf die mittelalterlichen Burgruinen. In der Klamm braucht es vor allem Köpfchen und Konzentration zum Balancieren, beim Aufstieg eher Oberschenkelkraft. Der Puls kommt ordentlich in Schwung, Bänke zum Rasten kommen da gelegen. Also erst mal Füße hoch und Aussicht genießen, bevor es zurück durch den Waldkindergarten zum Parkplatz geht.

Hunger? Das Gasthaus Tenne in Oppenhausen serviert im Herbst an bestimmten Tagen Debbekuchen, ein regionales Kartoffelgericht (www.gasthaus-tenne.de).

Tipp: Der etwa vierstündige Wanderweg Ehrbachklamm lässt sich in Kombination mit der Schöneckschleife prima um zwei weitere Stunden verlängern. Dazu weiter durchs Tal

Wasser marsch! Im Herbst sprießen Pilze aus dem Boden, Wasserfälle sprudeln über Stock und Stein und bahnen sich ihren Weg durch die Schlucht.

spazieren, dem Ehrbach folgen, zur Daubisberger Mühle – Zeit für eine zünftige Rast – und an der Schönecker Mühle vorbei zum Schloss Schöneck. An Hübingen vorbei auf die Höhen wandern und dem letzten Teil wie oben beschrieben zum Ausgangspunkt der Eskapade folgen. Eine tolle und anspruchsvolle Tagestour.

FAZIT: EIN URWÜCHSIGES TAL WIE AUS EINER ANDEREN ZEIT, NUR DAS WASSER IST ZU HÖREN. GIBT´S ETWAS SCHÖNERES?

Hin & weg: Mit dem Auto zum Wanderparkplatz an der K 120 in Oppenhausen. Fürs Navi: Mittelstraße, 56154 Boppard.

Beste Zeit: Ganzjährig, außer bei Schnee und Eis.

Dauer & Strecke: Etwa 4 Std. und 10 km für den Rundweg durch die Ehrbachklamm. Mit Verlängerung zum Schloss Schöneck knapp 6 Std. und 15 km.

Ausrüstung: Wanderschuhe, Verpflegung, ggf. Regenjacke. Kamera und Stativ, wer den Schleiereffekt bei Langzeitbelichtungen üben möchte.

HUFEISEN BRINGEN GLÜCK

≥ ... auf dem Baumwipfelpfad Saarschleife ≤

#40

Sie weckt Heimatgefühle, Kindheits-erinnerungen und gilt als Wahrzeichen schlechthin: die Saarschleife. Über der Cloef thront ein 42 Meter hoher Turm. Dorthin geht's im Zickzack über einen barrierearmen Pfad in schwindel-erregenden Höhen mitten durch die Baumkronen, um das Glück zu finden!

#Wipfelglück #soneschöneSchleife #Glücksbringer #Wintersonne

Ein Waldmemory versüßt den Weg zum Aussichtsturm. Auf den Lernstationen am barrierefreien Pfad können alle noch etwas lernen.

Auf dem breiten Pfad aus Holzstegen ist Platz für alle. Fußgänger, Rollifahrer, Kinderwagen – niemand bekommt hier Probleme. 800 Meter sind es bis zum halbrunden »Leuchtturm«. Stufenlos steigt der Weg allmählich an und schwebt am Ende 23 Meter über dem Waldboden. Er führt vorbei an Eichen, Buchen und Douglasien. Traumhaft ist es im Herbst, wenn sich das Laub der Bäume orange, rot und gelbgrün färbt und fallendes Laub, vom Wind getragen, ein Stückchen mitwandert. Lern- und Erlebnisstationen laden zur spielerischen Erkundung des Lebensraums Wald ein.

Stahlstreben, Holzrampen – da steht er. Ganz schön hoch! Bis zur Aussichtsplattform fünfmal die Kurve nehmen, am Abgrund entlang. Für Menschen mit Höhenangst knifflig. Alle 20 Meter finden sich Podeste zum Erholen oder Ermutigen. Wäre da nur nicht das Drahtnetz, durch das man in die Tiefe schaut. Den Blick lieber auf den Horizont, den Naturpark Saar-Hunsrück, Orscholz und die schlafende Schöne zu Füßen richten. Die Saarschleife ist üppig bewaldet, Radwege führen rechts und links am Fluss entlang. Die Fahne der Burg Montclair weht über dem Laubwald im Wind.

Flussschleifen wie an Saar und Mosel sind eine Laune der Natur. Über Jahrmillionen graben sie sich auf eigensinnige Weise ins Gebirge. Wie gut, dass sie nicht die Abkürzung genommen haben. So weiß man immer, wo sich ein Hufeisen findet. Natürlich richtig herum, in U-Form, damit kein Glück verloren geht. Apropos Hufeisen: Beim Ausflug zur Burg Montclair sollte man sich die Sage vom Breitenstein erzählen lassen. Es geht um Ritter, Herzschmerz und ein tragisch-schönes Ende. Wie hinkommen? Zu Fuß und mit der

Jetzt geht es hoch hinauf: Der Aussichtsturm über der Saar bietet einen spektakulären Aufstieg und dazu eine prima Fernsicht.

Fähre. Ein Trampelpfad führt im Zickzack vom Aussichtspunkt Cloef hinunter zur Saar, rechts herum zum Restaurant Fährhaus Saarschleife. Zum anderen Flussufer geht's mit der einzigen (Personen-)Fähre auf der Saar. Dann weiter zur Burg nach Mettlach. Zum Abschluss im fünf Minuten vom Bahnhof entfernten Mettlacher Brauhaus einkehren. Hier gibt's deftige regionale Küche.

Tipp für Wanderer: Um die Schleife zu erwandern, am Bahnhof Besseringen starten. Dem Kochmützen-Logo der Tafeltour zur Burg Montclair folgen, mit der Fähre übersetzen und zum 180 Meter hohen Aussichtspunkt Cloef wandern. Die Schutzhütte mit Aussichtsterrasse ist immer geöffnet und kostenfrei. Nach rund 16 Kilometern endet die Wandertour in Mettlach.

Hin & weg: Die Anreise mit öffentlichen Verkehrsmitteln ist schwierig (Bus 155 ab Merzig fährt am Wochenende nur sporadisch oder gar nicht; Infos: www.saarfahrplan.de). Lieber mit dem Auto über Mettlach nach Orscholz. Fürs Navi: Cloefstraße, 66693 Mettlach. Parkplätze vorhanden. Oder zu Fuß ab den Bahnhöfen Mettlach oder Besseringen. Von März bis November fährt die Personenfähre Welles (Abfahrtszeiten unter www.saarschleifenland.de).

Beste Zeit: Ganzjährig, außer bei Sturm, Hagel, Gewitter oder Eis (Preise, Öffnungszeiten und Reisetipps: www.baumwipfelpfade.de/saarschleife).

Dauer & Strecke: 2–3 Std. und 1,3 km zu Fuß auf dem Baumwipfelpfad. Ringsum gibt es Wanderwege und Attraktionen, also lieber mehr Zeit mitbringen.

Ausrüstung: Höhenangst bleibt zu Hause. Proviant kommt mit, Geldbörse auch. Tipp: Die Jahreskarte ist im Vergleich zur einmaligen Eintrittsgebühr ein richtiges Schnäppchen!

FAZIT: GLÜCK BRINGENDE TRAUMKULISSE! ALLEIN, ZU ZWEIT, MIT FAMILIE UND BESUCH — ALLE KOMMEN MIT.

3. KAPITEL
MINIURLAUB

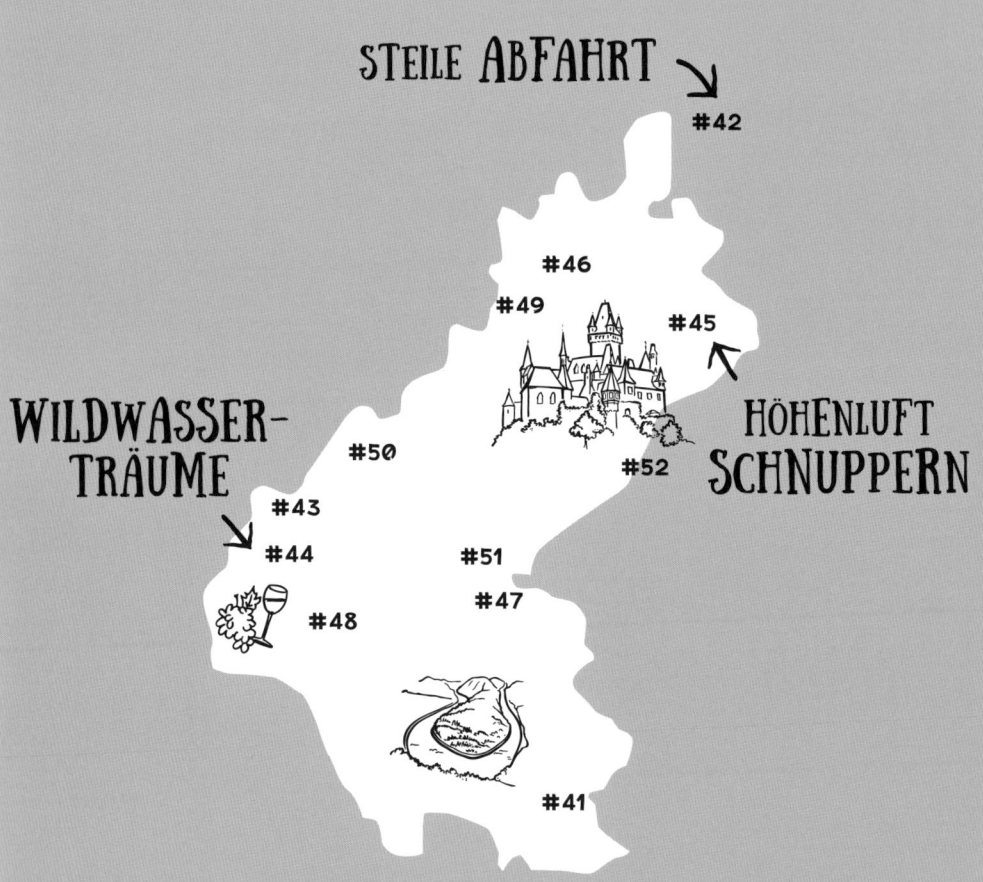

STEILE ABFAHRT
#42

#46

#49

#45

WILDWASSER-
TRÄUME

#50

HÖHENLUFT
SCHNUPPERN

#52

#43

#44

#48

#51

#47

#41

Ferien für ein Wochenende

*Wasser, (Wein-)Berge, Schluchten, unend-
liches Grün – was braucht es mehr für ein
Wochenendabenteuer? Zu oft vergessen
wir, welch wunderbare Natur uns umgibt.*

36 H

AUF SCHATZ-SUCHE

... Radreise im Biosphärenreservat Bliesgau

Auf zwei Rädern über alle Hügel zu seltenen Naturschönheiten. Im mediterranen Klima des UNESCO-Biosphärenreservats gedeihen nicht nur Obstwiesen und Leindotter prächtig, sondern auch Hummel-Ragwurz und Pyramiden-Orchis – wilde Schätze, die man erst einmal finden und erkennen muss.

#wildeOrchideen #EVelo #Glamping #Botanikreise #Blütenliebe

Mit dem roten E-Flitzer bequem durch den Bliesgau!

Der Motor schnurrt. Wind streicht durch die Haare. Ein Blick auf den Tacho verrät: konstantes Tempo, minimale Beinarbeit, ruhiger Puls. Prima, so ein E-Velo, fühlt sich an wie Cabriofahren! Dazu eine Landschaft, die Toskana-Feeling aufkommen lässt – und das mitten im Saarland.

Von Lautzkirchen zum Heidenkopf sind 165 Höhenmeter zu meistern. Es geht steil bergauf, also kräftig strampeln und rauf auf den Bliesgau. Bei klarer Sicht kann man vom Heidenkopfturm aus 9,5 Meter Höhe über das Mandelbachtal bis zu den Vogesen schauen. Und zum Pfälzerwald.

20 Kilometer sind geschafft. Bis zum Etappenziel sind es noch 15 Kilometer. Wenn es zeitlich passt, den Hofladen mit Manufaktur und Ölmühle beim Gut Hartungshof besuchen.

Camping de luxe: Die kleinen Hütten sind heimelig und bestens ausgestattet. Komfortabler lässt sich eine Nacht in der Natur wohl kaum verbringen.

Kräuteröle, Senf, Liköre sind leckere Souvenirs direkt aus der Region.

Ankunft im Nachtquartier zwischen Kleinblittersdorf und Rilchingen-Hanweiler, wo rundliche Holzhäuschen mit Kaffeemaschine, Porzellan-WC und wechselnden Lichtfarben sowie mit eigener Terrasse warten. Glamping pur! Zum Abendessen geht's zur Scheune. Im Sommer kann man entspannt auf der Außenterrasse sitzen, bei schmuddeligem Wetter gemütlich drinnen in urigem Ambiente. Wie wäre es vor dem Zubettgehen mit Wellness? In der Saarland-Therme kann man wunderbar entspannen und die Seele baumeln lassen.

Zum Frühstück geht's nach Frankreich, es sind nur zehn Minuten mit dem Rad. Mit lauwarmem Croissant und Café au lait in den Tag starten. Über den Bauernmarkt schlendern und an Proviant denken. Durch die Altstadt von Saargemünd bummeln, das Musée de la Faïence besuchen. Sind die bunten Keramikfresken nicht beeindruckend?

Dann geht's zurück in die Natur. Dem Routenlogo Velo visavis und der Blies bis nach Gersheim folgen. Durch Buchenwälder und Auenlandschaft radeln, um zum botanischen Höhepunkt dieser Eskapade zu gelangen, einem Hotspot seltener Naturjuwelen, der Botaniker aus aller Welt anlockt.

Sie haben an alles gedacht: Lupe, Makroobjektiv, Bestimmungsbuch. Sonnenhut, Fernglas und klappbaren Sitzhocker. Nur keine Scheu. Orchideenliebhaber sind redselig, teilen ihr Wissen gern mit Ahnungslosen. Und feiern jede entdeckte Schöne: Spinnen-Ragwurz, Affenknabenkraut und Pyramiden-Hundswurz.

Eine Wanderung auf dem Orchideenpfad zur Blütezeit lässt nicht nur Botanikerherzer höherschlagen – auch Pferdefans kommen auf ihre Kosten.

Die Hälfte der in Deutschland vorkommenden Orchideenarten wächst hier, aber nicht auf Bäumen wie im Regenwald, sondern direkt auf dem Boden. Von Mai bis Anfang Juli stehen sie in voller Blüte und sind zwischen den kunterbunten Wildblumen, umherschwirrenden Bienen und Schmetterlingen doch schwer zu erkennen.

Nur Geduld. Langsam und aufmerksam auf dem 2,7 Kilometer langen Trampelpfad alle Stationen abwandern. Da vergehen leicht zwei Stunden oder mehr, immer auf der Suche nach dem nächsten Juwel. Weiterziehen fällt schwer bei so viel Blütenpracht ...

Hin & weg: Start und Ziel ist der Bahnhof Blieskastel-Lautzkirchen. Anreise mit Bahn & Bike. Radverleih, mit und ohne Motor, in Blieskastel (Reservierung unter www.puls-sport.jimdo.com). Von Saarbrücken mit der Buslinie R10 (1 Std. Fahrtzeit).

Beste Zeit: Mai–Juni, Hauptblütezeit der Orchideen.

Dauer & Strecke: 6–7 Std. mit dem Rad. Die 70 km verteilt man am besten auf zwei Tage. Wanderung auf dem Orchideenpfad 1–2 Std. Infos zu Führungen bei der Gemeinde Gersheim (www.gersheim.de). Bitte vorsichtig sein und nichts pflücken.

Ausrüstung: E-Bike oder sehr gute Ausdauer. Bequeme Kleidung, Badesachen, Zahnbürste, feste Schuhe für die Wanderung, Trinken, Proviant.

Wenn es Nacht wird: Glamping in komfortablen Holzhäuschen (www.glamping-resorts.de). Wer mehr Zeit für die Orchideen möchte: Direkt neben dem Freibad in Gersheim liegt der Campingplatz Walsheim (www.campingwalsheim.de). Am Radweg in Herbitzheim kann man in Holzfässern nächtigen (www.bliesbruck.de).

FAZIT: GEMÜTLICH MIT DEM E-BIKE DURCH DEN BLIESGAU RADELN. DA BLEIBT GENUG ZEIT FÜR DIE BOTANISCHEN SCHÄTZE.

EINFACH ROLLEN LASSEN

>‿ ... vom Rhein via Hunsrück an die Mosel ‿<

#42

Klingt anstrengend? Papperlapapp! Den 336 Meter hohen Aufstieg vom Mittel- rheintal in den Vorderhunsrück meistert der Zug. Auf asphaltierten Bahntrassen und Radwegen geht's weiter. Immer rollen lassen, quer über die Hunsrückhöhen. Zwei Tage lang die Nase in den Wind halten – eine perfekte Auszeit!

Zwischen Mosel und Rhein liegt der Hunsrück. Das dunkle Schiefergebirge ragt erhaben in die Höhe und scheint sich über das rege Treiben in den Flusstälern zu wundern. Flusskreuzfahrtschiffe, Motorboote, Züge, Autos, Fahrräder – jede Menge los da unten. Und oben? Da weht ein anderer Wind. Dieser fegt kräftig über Felder, Weiden und Wälder. Er bringt Windräder zum Drehen und pustet Gedanken fort. Genau darin liegt das Ziel dieses Ausflugs.

Mit dem Rad geht's vom Bahnhof in Koblenz zum Rhein, entlang der Kaiserin-Augusta-Anlagen, vorbei an Schloss Stolzenfels, einer Schlossanlage mit hellgelbem Putz und umlaufenden Zinnen, weiter nach Boppard. Hinter Spay zieht der Rhein seine größte Schleife. Die UNESCO-Welterbe-Kulturlandschaft Oberes Mittelrheintal ist ein bekanntes Weinanbaugebiet mit besten Bedingungen. Der Fluss speichert Wärme, der Schiefer reflektiert die Sonnenstrahlen, und der Hunsrück hält feuchte Westwinde ab.

Hin & weg: Mit Bahn & Bike nach Koblenz (oder Boppard – verkürzte Route). Ab Boppard mit der Hunsrückbahn nach Emmelshausen. Die Tour kann individuell an verschiedenen Bahnhöfen entlang der Mosel beendet werden – je nach Lust, Laune und Heimatort.

Beste Zeit: April–Oktober.

Dauer & Strecke: 2 Tage oder länger. Rund 100 km.

Ausrüstung: Rad, bequeme Kleidung, Getränke und Proviant. Im Sommer Badesachen.

Wenn es Nacht wird: Im historischen Zentrum von Kastellaun in der Schlummerkiste (www.schlummerkiste-kastellaun.de) mit Selbstversorgerküche oder im Landhotel Altes Stadttor (www.altesstadttor.de) mit Slow-Food-Restaurant. Die Taverne auf der Burg ist mittwochs bis sonntags geöffnet.

Einmal mit allem, bitte! Diese Radtour verbindet Rhein, Hunsrück und Mosel auf einer malerischen Strecke. Kastellaun eignet sich hervorragend als Nachtquartier.

Die Hunsrückbahn (www.hunsrueckbahn.de) verkehrt stündlich zwischen Boppard und Emmelshausen. 20 Minuten dauert die Fahrt auf Deutschlands steilster Bahnstrecke. Bis zur Burgenstadt Kastellaun rollt es sich von dort auf der ehemaligen Bahntrasse, dem heutigen Schinderhannes-Radweg, prima. Geringe Anstiege durch Wälder, an Feldern und kleinen Orten vorbei sind problemlos zu meistern.

Kastellaun hat eine charmante Altstadt mit restaurierten Fachwerkhäusern. Bevor man müde und zufrieden ins Bett fällt, geht's noch hinauf zur Ruine der Sponheimer Burg. An Wochenenden finden Stadt- und Burgführungen statt, und es werden Bogenschießen und Kerkeressen im Burgkeller angeboten. Unter der Woche ist es himmlisch ruhig.

Gefrühstückt wird am nächsten Morgen im Hotel, in einer Bäckerei oder im Café Maull. Mittwochs auf dem Bauernmarkt Proviant einkaufen und dann auf dem Mosel-Radweg in die Pedale treten. Goldene Sonnenstrahlen brechen morgens durch Tannen, Kastanien und Haselnusssträucher. Am Bachufer glitzern Tautropfen auf den Wiesen. Guten Morgen, Rehkitz und Eichkätzchen!

29 Kilometer sind es bis Treis-Karden. Durch Täler, am Erlebnispfad (www.erlebnisfeld-mannebach.de) in Mannebach vorbei, über weite Höhen nach Sabershausen, Zilshausen, Lahr und Lieg. Hier beginnt die rasante Abfahrt zum Lützbachtal. Rund zehn Prozent Gefälle warten auf den nächsten 2,5 Kilometern: tief durchatmen, die Nase in den Wind halten und rollen, rollen, rollen.

Wer möchte, kann in Treis-Karden auf ein Ausflugsschiff umsteigen und in Richtung Cochem ablegen. Alternativ geht man eine Runde ins Freibad oder fährt ins nahe gelegene Naturschutzgebiet Pommerheld – das ist ein kleiner Urwald und Schutzraum für seltene Pflanzen und Tiere. Von April bis Oktober setzt die Klottener Pont Wanderer und Radfahrer bequem von einem zum anderen Moselufer über. Dann lautet die Devise: an der Glocke läuten und die 135 Meter lange Minikreuzfahrt genießen.

Nach einer Gesamtstrecke von rund 85 Kilometern endet diese Eskapade bei einem Glas Moselwein oder einem Eiskaffee in der Cochemer Altstadt.

FAZIT: AUF STIPPVISITE IM HUNSRÜCK — DAS IST FEINSTER RADLSPAß FERN VON VERKEHRSREICHEN STRASSEN!

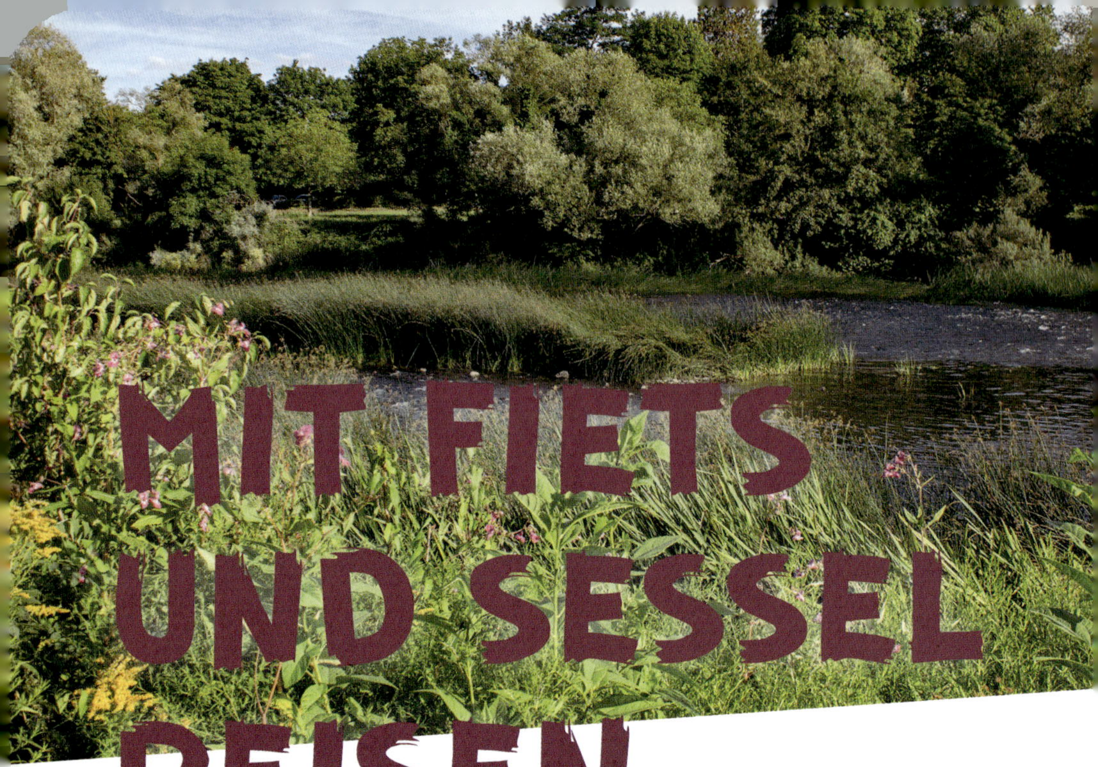

MIT FIETS UND SESSEL REISEN

... von der Saar übern Gau an die Mosel

#43

Mosel und Saar fließen ab Perl und Mettlach bis Konz nahezu parallel zueinander. Viele radeln von Fluss zu Fluss und lassen den Mosel-Saar-Gau links liegen. Dabei braucht es weder stramme Waden noch Ausdauer, um den Höhenzug zu erkunden, sondern nur ein pfiffiges Transportmittel – ein Geheimtipp!

#fliegendesFiets #Flussliebe #KäseundWein #liftmeup #Weitblick

Aus luftiger Höhe gleitet der Blick aus dem Sessellift über Saarburg.

Start dieser Eskapade ist die Saarmündung in Konz. Das Rad bringt einen aus der Stadt heraus: dem Saar-Radweg in Richtung Süden folgen, hinein in den Naturpark Saar-Hunsrück und eine erlebnisreiche Flusslandschaft. Liebreizend ist die Fahrt durch das Naturschutzgebiet beim Wiltinger Saarbogen. Lust auf eine Kanufahrt? Direkt am Radweg in Schoden-Ockfen befindet sich das Wassersportzentrum mit Boots- und SUP-Verleih (Eskapade #44).

Eine Stunde dauert die Radreise zwischen Konz und der mittelalterlichen Stadt Saarburg mit ihrer bekannten Burg. Der Besuch der Ober- und Unterstadt lohnt eine längere Pause. Die Altstadt wartet mit tosendem Wasserfall auf. Cafés, Restaurants und Eisdielen

Nur eine kurze Fährfahrt mit dem Solarschiff liegt zwischen Deutschland und Luxemburg.

des Hunsrücks und den Saargau erlaubt einen Blick auf die zurückgelegte Strecke.

Von der Sesselstation mit dem Rad die Sommerrodelbahn passieren und durch das Feriendomizil Landal Warsberg auf den Mosel-Saar-Gau fahren. Erst einmal durchatmen, dann den Blick über den Höhenzug mit seinen Dellen, tief eingeschnittenen Tälern, Weinbergen, Laubbäumen, Streuobstwiesen und winzigen Dörfern hier und dort in sich aufnehmen. Zur Einkehr einen Stopp in der Mannebacher Brauerei einlegen. Im Hofcafé des Riedhofs mit Käsemarkt vorbeischauen (www.mannebacher-kaesemarkt.de).

Das Fahren auf der Straße klappt problemlos, Autos sind eher selten. Herausfordernd sind die anstehenden Höhenmeter. Also raus aus dem Sattel, die Oberschenkel sind jetzt dran. Ist der höchste Punkt der Radetappe zwischen Fisch und Söst geschafft, geht's bergab. Es öffnen sich herrliche Fernsichten zum Moseltal, Wiesen und Felder ziehen vorbei. Was für ein Tag!

laden zur Stärkung ein. Im Sommer und Herbst herrscht ein internationales Flair – das Städtchen ist ein beliebtes Ausflugsziel bei Niederländern, Belgiern, Luxemburgern und Skandinaviern. Der Blick vom mächtigen Burgberg hinab zur Saar ist auch schlichtweg grandios.

Nun heißt es: Bis gleich, geliebtes Rad – wir sehen uns oben. Sobald das Fahrrad hängt, hüpft man selbst mit Sack und Pack in einen Sitz der Saarburger Sesselbahn. Bequem gondelt man Höhenmeter um Höhenmeter bergauf durch eine Waldschneise. Ein Blick nach hinten – ja, das Reisegefährt ist noch da und verursacht bei entgegenkommenden Fahrgästen erstaunte Gesichter. Das fliegende Fiets ist definitiv ein Foto wert – ebenso wie der Blick auf Saarburg. Die Weitsicht über das Flusstal der Saar, die bewaldeten Bergrücken

In Nittel stellt sich die Frage: zum Dreiländereck nach Perl oder in die Römerstadt Trier? Spontan entscheiden. Machen die Waden trotz ebener Strecke schlapp, ist die nächste Bahnstation nie weit. Die Moselbahn verkehrt stündlich zwischen Perl und Trier.

Tipp: Oberbillig und Wasserbillig verbindet eine Solarfähre. Ideal, um einen Abstecher zur Sauer zu unternehmen. Pflichtlektüre? »52 kleine und große Eskapaden in der Eifel«!

Es empfiehlt sich, etwas Zeit mitzubringen für die hübsche Altstadt von Saarburg. Noch ein Eis, dann geht's über den Gau an die Mosel.

Hin & weg: Mit der Bahn nach Konz, weiter mit dem Rad nach Saarburg. Einstiege sind an allen Bahnstationen entlang der Saar möglich. Kostenlose Fahrradmitnahme auf der Sesselbahn (Fahrplan und weitere Informationen abrufbar unter www.saarburger-sesselbahn.de).

Beste Zeit: April–Oktober.

Dauer & Strecke: 6–8 Std. ohne Pausen, Rundtour ca. 50 km. Am besten auf zwei Tage oder mehr verteilen. Rund um Mosel und Saar kann man ruhig einen ganzen Urlaub verbringen.

Ausrüstung: Fahrrad (mit dem E-Bike ist die Tour ein Klacks). Rucksack oder Radtasche mit Gepäck für einen Kurzurlaub. Radkarten für die Strecke auf dem Mosel-Saar-Gau.

Wenn es Nacht wird: Übernachten im idyllischen Mannebach – das kleine Brauhaus vermietet Zimmer im Landhausstil (www.mannebacher.de) – oder im Weindorf Nittel an der Mosel, das sich modern, erfrischend und gar nicht verschlafen zeigt (familiengeführte Unterkünfte auf: www.nittel-mosel.de). Zwei persönliche Lieblingsorte.

FAZIT: MIT RAD UND SESSELLIFT VON FLUSS ZU FLUSS – DAS IST EIN ERLEBNIS. UND WIRD NOCH VIEL ZU WENIG GENUTZT.

PÄRCHEN-PADDELN

 … auf der Saar

#44

Weinberge, Seerosen, Kormorane: Der Wiltinger Saarbogen ist ein Paradies für Naturliebhaber. Der acht Kilometer lange Flussabschnitt wächst wild, ohne Schiffsverkehr. Flussauenwald, Weiden, Sandbänke – am schönsten paddelt es sich zu zweit durch stilles Wasser und sanfte Stromschnellen.

Hier ist Teamarbeit gefragt: Kanu verladen, zum Wasser ziehen und einsteigen, ohne zu kentern. Ist das geglückt, kann die Flussexpedition beginnen.

Noch schnell die Badesachen anziehen und die Wertsachen im wasserdichten Sack verstauen. Paddel und Picknicktasche sowie Schwimmweste und Kanuheber im Boot platzieren. Bevor es aufs Wasser geht, das Boot am Wassersportzentrum Schoden aufladen und erst einmal ein gutes Stück auf dem Radweg schieben, an der Stauwehr vorbei. Hier teilt sich die Saar. Der schiffbare Teil führt als Kanal geradeaus weiter bis nach Konz. Der romantische Teil zweigt rechts ab. Er schlängelt sich an Wiltingen und Kanzem vorbei bis nach Hamm. Der Wiltinger Bogen ist der schönste Flussabschnitt der Saar – und Naturschutzgebiet. Genau dahin geht's.

Das Zuwasserlassen hat geklappt. Alle sind an Bord, die Rollen klar verteilt. Ein Paddel rechts, ein Paddel links. Gleichmäßig ins Wasser stechen. Seitenwechsel. So fährt der Kanadier geradeaus. Vorn wird Tempo gemacht, hinten gesteuert. So weit die Theorie. Mit etwas Übung klappt es immer besser. Das sanfte Schaukeln und das Plätschern des Flusses sind herrlich entspannend. Und diese Kulisse! Weinreben bis zum Flussufer, Schilf, Seerosenteppiche, Röhricht ... Oben auf den Ästen spähen Kormorane zum Wasser, und vielleicht sieht man sogar einen Eisvogel.

Dann die erste Herausforderung: unter der Brücke zwischen zwei Pfeilern hindurchpaddeln, danach links zum Flussufer. Achtung vor den Baumästen über dem Wasser und gut getarnten Steinbrocken knapp unterhalb der Wasseroberfläche. Schon kommt die erste

Mit Schwimmwesten und Navigationskarte ausgerüstet, auf ins Abenteuer!

Stromschnelle. Volle Fahrt voraus. Konzentration ist gefragt, das Boot rauscht schneller, schwankt von einer zur anderen Seite. Aber nur die Ruhe, so schnell kentern Kanadier nicht. An einem heißen Sommertag kühlen der Fahrtwind und ein paar Wasserspritzer auf der Haut. Dank liebevoll gezeichneten Routenverlaufs weiß man immer, wann es spannend wird.

An der Kanzemer Staustufe endet die Fahrt durch den Bogen. Das Boot muss raus aus dem Wasser, auf den Kanuheber. Vorsicht beim Ausstieg aus dem Kanu, glitschig! Zeit für eine Pause und ein kühles Getränk, bevor man das Boot an der Staustufe vorbeizieht und -schiebt und auf den Saarkanal übersetzt. Sportboote schlagen mächtig Wellen, Frachtschiffe schleichen sich leise von hinten an. Mehr Kontrast geht nicht. Viel zu schnell endet die Paddelexkursion. Noch einen Absacker oder eine Weinprobe? Hinter dem Weinberg Ayler Kupp geht die Sonne unter. Einfach morgen wiederkommen, ein weiteres Fluss-

stück entdecken, an der Technik feilen oder Kajak und SUP ausprobieren. Wer lieber am Wasser unterwegs ist: Radwege führen nach Saarburg, Trier und Wasserliesch.

FAZIT: EINE ROMANTISCHE FLUSSEXPEDITION DURCHS NATURSCHUTZGEBIET UND DEN WILTINGER SAARBOGEN.

Hin & weg: Mit Bahn & Bike nach Schoden-Ockfen. Mit dem Rad sind es 2 Min. zur Kanuverleihstation in der Hauptstraße.

Beste Zeit: In den Sommermonaten.

Dauer & Strecke: Paddeltouren 2,5 Std. bis 3 Tage. Kanu Saarfari (www.kanuverleih-saar.de). Rundtour ca. 10,5 km.

Ausrüstung: Sonnenschutz. Kanu, Kajak, Paddel, wasserdichte Taschen und Schwimmwesten verleiht das Wassersportzentrum Schoden an der Saar.

Wenn es Nacht wird: Weinhotel Klostermühle in Ockfen (www.hotel.klostermuehle-saar.de).

ZUM DACH DES HUNSRÜCKS

 ... mit Rad und Rucksack zum Erbeskopf

816 Meter über dem Meeresspiegel liegt der Erbeskopf, die höchste Erhebung im Hunsrück, in Rheinland-Pfalz und in Deutschland links des Rheins, inmitten des Nationalparks Hunsrück-Hochwald. Mit dem Rad geht's über die Hunsrückhöhen, zu Fuß zum Gipfel – das sind zwei Tage Aktivurlaub vom Feinsten.

#hochhinaus #frischeLuft #Gipfelglück #sanfteHöhen #Nationalparktour

Da braut sich etwas zusammen: entspannt die Beine ausstrecken und vom Erbeskopf zuschauen.

Einmal quer durchs Mittelgebirge, von Westen nach Osten und zurück: Insgesamt 155 Kilometer Radweg verbinden Saar, Hunsrück und Rhein miteinander. Einige Etappen machen eher geübten Radlern Spaß, die Aufstiege von den Flüssen hinauf zum Hunsrück sind knackig. Auch die Gipfelfahrt zum Erbeskopf gehören, offen gestanden, eher zur Meister-

klasse. Doch zwei Etappen sind auch etwas für Gelegenheitsradler, so zum Beispiel die 45 Kilometer lange Strecke von Simmern nach Morbach.

Los geht's am nördlichen Rand des Naturparks Soonwald-Nahe. In Simmern lohnen sich ein Blick ins Hunsrück-Museum und die

Auf dem Gipfel werden Wanderer von Steinmännchen wie diesem netten Exemplar begrüßt.

dem Flusslauf der Dhron zur Baldenau folgen, zur einzigen Wasserburgruine im Hunsrück. Die Fahrt führt durch eine Baumstraße, vorbei an Ackerfeldern, Weiden und Wiesen.

Wer nach 45 Kilometern auf zwei Rädern nicht mehr mag, bleibt über Nacht in Morbach. Zischt zünftig ein Radler im Wirtshaus zum Dorfkrug oder findet einen Lieblingsplatz im Café Zweite Heimat (www.cafe-heimat-mor bach.de). Zum Café gehört auch ein Minikino mit liebevoll ausgewählten Filmen.

kostenfreie Ausstellung »Schinderhannes – Mythos und Realität« im Schinderhannesturm. Warum sind Rad- und Wanderwege im Hunsrück nach einem Räuber, Dieb und Mörder benannt? Was stimmt wirklich, und was sind bloße Erzählungen?

Der Radweg führt mitten durch die älteste Stadt im Hunsrück, über den kleinen Marktplatz mit seinen hübschen Fachwerkhäusern und vorbei an der Michaeliskirche. Als Kulisse für Heimatfilme scheint sich Kirchberg jedenfalls bestens zu eignen.

Im sanften Auf und Ab fährt es sich über die Hunsrückhöhen. Kurz vor Morbach einen Stopp im Café Pause (www.kreativ-haus.biz) einlegen – wie könnte man nicht bei dem Namen? Mit lecker Kuchen oder Butterbroten stärken, dann geht's zurück aufs Rad. Parallel

Noch Kraft? Der Luftkurort Thalfang liegt am Fuße des Erbeskopfs im Naturpark Saar-Hunsrück. Bis dahin sind es 15 Kilometer, zwei Anstiege, 230 Höhenmeter und eine spannende Berg-und-Tal-Fahrt. 60 Kilometer an einem Tag? Ja, das geht. Allerdings eher für Trainierte – oder für Besitzer eines E-Bikes.

Am nächsten Morgen erst mal raus zum Hunsrück, am besten mit dem Rad (etwa eine Stunde bergauf). Von dort macht man sich zu Fuß auf Erkundungstour durch den Nationalpark und meistert den etwa zehn Kilometer langen Gipfelsteig. Die dreistündige mittelschwere Wanderung führt durch üppige Wälder, Biotope und Hangmoore (Tipp: Eskapade #27). Das Highlight dieser Eskapade? Einmal auf dem Erbeskopf stehen, den Hunsrück zu Füßen. Tief durchatmen, den Moment und die Weite genießen. Mit Glück hat man sogar freie

Burg Baldenau, die einzige Wasserburg im gesamten Hunsrück, liegt direkt am Hunsrück-Radweg. Die Anlage aus dem 14. Jahrhundert ist ein interessanter Zwischenstopp.

Sicht bis zur Eifel. Weit weg die Alltagssorgen. Und diese frische Luft ist einfach herrlich!

Hin & weg: Von Bingen nach Simmern mit Buslinie 230. Von Saarbücken mit der Bahn nach Koblenz, weiter mit Bus 620 (Fahrpläne: www.vrminfo.de).

Beste Zeit: Mai–Ende September, je nach Wetterlage. Es kann ziemlich windig sein. Fürs Radfahren ist das, je nach Windrichtung, Fluch oder Segen.

Dauer & Strecke: Mind. 2 Tage, ca. 60 km mit dem Rad. Für den gesamten Hunsrück-Radweg braucht man 4 Tage (Strecke: www.hunsruecktouristik.de).

Ausrüstung: Trekkingrad, Mountainbike oder E-Bike (Radverleih in Simmern: www.simmern.de), Wanderschuhe, bequeme Kleidung, Proviant und Getränke.

Wenn es Nacht wird: Im Ortskern von Morbach liegt das Hotel-Hochwald Café (www.hochwald-cafe.de), bei der historischen Ölmühle das Hotel 2t Heimat (www.landhausamkirschbaum.de). Wunderschön hergerichtet ist der Bahnhof Thalfang (www.bahnhof-thalfang.de) samt hoteleigenem Restaurant mit regionaler Küche und Veranstaltungen.

STADT, LAND, FLUSS

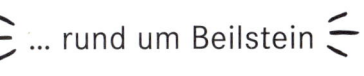
... rund um Beilstein

#46

Fachwerkhäuser, Weinberge, Burgen. Viele Winzerdörfer an der Mosel zeigen sich von ihrer romantischen Seite. Außergewöhnlich schön aber ist Beilstein. Daher sollte man Zeit mitbringen, über Nacht bleiben, sich das märchenhafte Juwel mit 140 Einwohnern teilen – und mit jenen, die immer wiederkommen.

Beilstein: Zwischen Cochem und Bremm liegt dieses Schmuckstück, das Ziel und zugleich Übernachtungsquartier dieser Eskapade ist. Tag 1 startet in Cochem. Dort kann man die Altstadt mit der Reichsburg erkunden, mit dem Sessellift zum Pinnerberg fahren und sich einen ersten Überblick über das Feriendomizil zu Füßen verschaffen.

Mit dem Rad geht's entlang der Mosel über Ernst nach Poltersdorf. Wer den Nachmittag auf dem Wasser verbringen mag: Einen Kanu- und SUP-Verleih gibt es am Flussufer in Ernst (Eskapade #28). Von Poltersdorf nach Beilstein setzt um 18 Uhr die letzte Fähre über (von Ostern bis Ende Oktober, Infos unter www.mosellandtouristik.de). Wer die verpasst, fährt mit dem Rad weiter nach Senhals, über die Moselbrücke und dann nach Norden zum Nachtquartier nach Beilstein.

Tagsüber kommen mit dem Rad, Schiff oder Bus die Tagesgäste und zwängen sich durch

---

Hin & weg: Mit der Bahn nach Cochem. Von dort mit dem Rad, Tretroller oder zu Fuß (über den Moselsteig) weiter.

Beste Zeit: Ganzjährig. Wer nicht muss, meidet die Schulferien lieber. Auch sehr schön zur Adventszeit, wenn der Schnee wie Puderzucker auf den Dächern liegt.

Dauer: 2 Tage oder länger.

Ausrüstung: Je nach Vorliebe: Wanderstiefel (für einen Abstecher in die steilen Weinberge rund um Beilstein), Badesachen, Rad (Fahrradverleih z. B. in Beilstein: www.fahrradverleih-in-beilstein.de). Fotoapparat. Im Winter ein gutes Buch.

Wenn es Nacht wird: Beilstein bietet Unterkünfte für jeden Geschmack, nur keine Bettenburgen (www.beilstein-mosel.de). Wer lieber auf die schöne Dorfkulisse blickt, neben der Fähre liegt ein Campingplatz (www.camping-happy-holiday.de).

Beilstein an der Mosel: ein Dorf mit Burg und Fachwerkhäusern wie aus dem Mittelalter.

die engen, verwinkelten Gassen Beilsteins, um die filmreife Kulisse zu bestaunen. Diese zeigt schwarze, mit Schieferplatten gedeckte Giebeldächer, Fachwerkhäuser mit dunkelroten Streben und an jedem Fenster einen Blumenkasten mit knallrot blühenden Geranien. Dazwischen versteckt sich der Treppenaufstieg zur Karmeliterkirche.

Bei Sonnenschein empfiehlt sich eine der Außenterrassen des Klostercafés (www.klostercafe-beilstein.de) für den Genuss eines Getränks bei fabelhafter Aussicht. Bei Regen kann man gemütlich in der Stube sitzen und die Kuchengabel durch zahlreiche Tortenschichten ziehen – sündhaft lecker, diese Karmelitertorte!

Über dem Ort thront Burg Metternich. Am Abend, wenn Ruhe einkehrt, ist es hier am schönsten. Genießer kommen dann in Gaststuben zusammen und beobachten, wie die Sonne den Fluss, die Reben und Ellenz-Poltersdorf gegenüber in goldenen Schimmer hüllt, bevor sie hinter der Bergkuppe verschwindet. Bis morgen!

Wer Spaß an erlebnisreichen Auf- und Abstiegen hat, kann sich auf Tag 2 freuen. Frisch gestärkt und mit Wasser und Proviant im Rucksack geht es zunächst hinauf zur Burgruine Metternich (Eintritt, April bis November). Von hier einen Blick auf den »Moselkrampen« werfen, so wird der ausschweifende Flusslauf regional genannt. Dann geht es durch die »Briederner Schweiz«. Der schmale Höhenpfad am Waldhang verbindet Beilstein und Briedern (einfache Strecke: drei Kilome-

ter und 90 Höhenmeter, etwa eine Stunde). Zu Mittag in Briedern in einer Winzerwirtschaft oder Vinothek im Dorfkern einkehren (geöffnet meist Ostern bis Ende Oktober).

In der Schiffswerft der Familie Kolb am Flussufer werden die Personenschiffe, die zwischen Trier und Koblenz unterwegs sind, in Schuss gehalten. Zurück nach Beilstein geht es entweder zu Fuß auf derselben Strecke wie auf dem Hinweg, oder man entscheidet sich für die Fahrt mit der Buslinie 716.

Tipp: Von Beilstein kann man alternativ auch mit dem Schiff zurück nach Cochem fahren (unter www.schiffstouren-treis.de sind die Fahrzeiten und weitere Infos zu finden).

FAZIT: MÖGE DAS DORNRÖSCHEN DER MOSEL SEINEN MÄRCHENHAFTEN CHARME FÜR IMMER BEWAHREN.

EIN BISS-CHEN WIE AM MEER

 ... Badeurlaub am Bostalsee

#47

Auf dem Strandtuch in der Sonne dösen. Sand zwischen den Zehen spüren. Segelbooten beim Schippern zuschauen. Bücher wälzen. Das Meer ist 500 Kilometer entfernt, doch am größten Freizeitsee Südwestdeutschlands im Norden des Saarlandes kommt Urlaubsstimmung auf.

#UrlaubamWasser #Seezeit #Sommerspaß #SchwimmenWandernRadfahrenLesen

Sundowner: Abendstimmung
am Bostalsee.

Was steht heute an? Kein Plan. Ein tolles Gefühl! Ausschlafen. Frühstücken. Badetuch, Schwimmsachen, Sonnenbrille und ein Buch einpacken und ab ans Wasser, um den persönlichen Lieblingsplatz zu finden. Das fällt nicht leicht, es gibt so viele schöne Fleckchen am 120 Hektar großen Stausee.

Der Wanderweg rund um den See ist 6,8 Kilometer lang, der Radweg etwas länger. Sie führen von Strandbad zu Strandbad. Eines davon liegt im Westen, in Bosen, das andere im Osten, in Gonnesweiler. Wo es einem gefällt, erst mal auf der Liegewiese ausbreiten. Eine Runde im tiefblauen See schwimmen. Den Beachvolleyball übers Netz schmettern. Sandburgen bauen. Ins rote Tretboot, den Schwan oder doch das Ruderboot steigen? Egal, Hauptsache, raus auf den See und den Blick übers Wasser schweifen lassen, über Ferienhäuser, Windräder, die Staumauer. Stand-Up-Paddlern beim Gleiten übers Wasser zuschauen. Die ersten Fahrversuche mit der Jolle beobachten. Stimmt, Segelboote

Beim Miniurlaub am See ist für alles gesorgt.

im Kunstzentrum Bosener Mühle (www.bose ner-muehle.de). Kaffee und köstliche selbst gebackenen Kuchen gibt's gleich nebenan im Kunst- und Kulturcafé (www.kunst-kultur-cafe.de).

Gegen Abend wird es ruhiger auf dem Wasser. Dafür füllen sich die Gastrobetriebe rund um den See. Verhungern muss niemand, nur die Auswahl fällt schwer. Kiosk, Brasserie, Restaurant und Strandbar – alles da. Anschließend satt und zufrieden in die Falle hüpfen, um fit für den nächsten Tag zu sein. Was dann ansteht? Kein Plan. Einfach nach Lust und Laune nachholen, wofür man am Tag zuvor zu faul war – oder sich noch einen Tag an den See lümmeln.

leihen geht auch, sowohl zum Schnuppern für ein paar Stündchen als auch für ein ganzes Wochenende. Backbord, Steuerbord, Beiholer, Peerd – Segelsprache lernen inklusive.

Wem es zu trubelig wird, der kann sich auf Nordic-Walking-Routen, Fahrrad- und MTB-Strecken ausklinken. Auf Wanderwegen lässt sich das Umland mit seinen Wäldern, Bergen und reizenden Dörfern entdecken. Auf der Straße der Skulpturen gibt es Kunst zu bewundern. Zwischen Sankt Wendel, dem Bostalsee und Priesberg liegt eine Open-Air-Galerie mit 58 Kunstwerken, verteilt auf 21 Kilometer. Dafür braucht es einen halben Tag zu Fuß oder zwei Stunden mit dem Rad.

Selbst kreativ sein und sich im Töpfern, Malen oder Kunstschmieden ausprobieren kann man

Tipp: Von Oktober bis Ostern geht es hier viel ruhiger und entspannter zu. Wassersportler bleiben zu Hause, Ruhesuchende kommen. Dann heißt es: dick einmummeln, um den See spazieren und sich abends in exklusivem Ambiente aufwärmen. Infinity-Pool, Innen- und Außensauna, Massagen, Peelings und weitere Wellnessanwendungen bietet das Spa der Seezeitlodge auch externen Gästen (Montag bis Freitag, Anmeldung über www.seezeit lodge-bostalsee.de). Schöner könnte man die Zeit bis zum nächsten Sprung in den See wohl nicht überbrücken.

FAZIT: BADEN, WANDERN, RADFAHREN. DER BOSTALSEE IST DAS PERFEKTE ZIEL FÜR EINEN KURZURLAUB.

Tretboot oder doch lieber Segelboot? Oder beides nacheinander? Bootsverleiher und Strandbäder lassen echte Urlaubsstimmung aufkommen.

Hin & weg: Das Auto bleibt daheim. Mit dem Saarland- oder Rheinland-Pfalz-Ticket der Deutschen Bahn geht es nach Türkismühle. Der See ist 3 km entfernt. Das ist zu Fuß mit kleinem Reiserucksack gut machbar. Auch die Buslinie R11 steuert auf der Strecke Nohfelden–Türkismühle–Bosen–Selbach die wichtigsten Standorte am See an.

Beste Zeit: Ganzjährig. Wassersport am besten von Mai bis Oktober. Besonders schön sind Wanderungen im Herbst durch den bunten Laubwald.

Dauer: Mindestens ein Wochenende, besser ein verlängertes.

Ausrüstung: Einen kleinen Tourenrucksack mit allem, was man für einen Kurztrip ans Wasser braucht. Ein gutes Buch nicht vergessen. Wenn das eigene Rad zu Hause bleibt, Bosiland und Center Parcs Bostalsee verleihen diverse Radmodelle.

Wenn es Nacht wird: Campingplatz, Familienresort, Designhotel – je nach Geschmack und Geldbeutel finden sich zahlreiche Unterkünfte (Infos auf www.bostalsee.de).

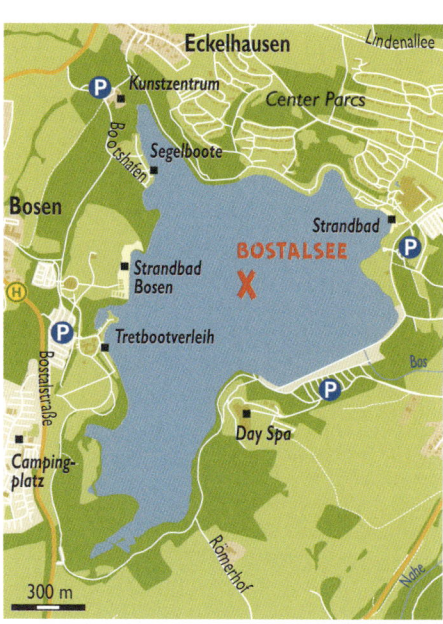

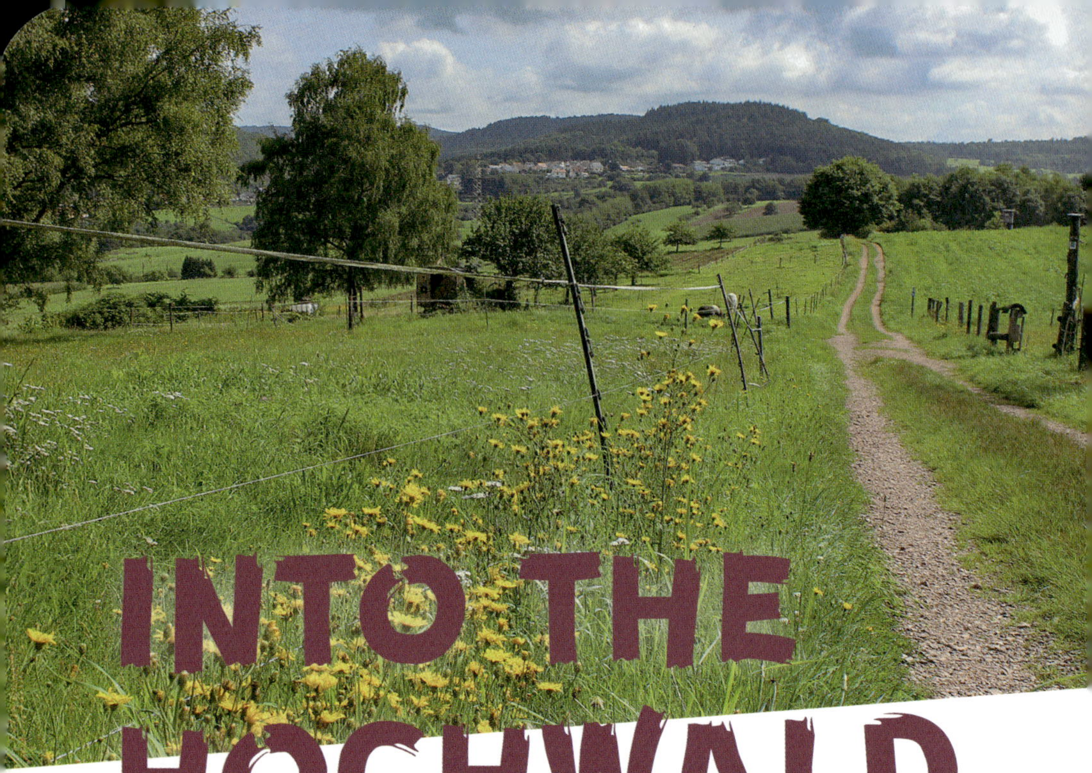

INTO THE HOCHWALD

⋛ ... von Mettlach nach Losheim ⋚

#48

410 Kilometer, 27 Etappen. Der Weit-
wanderweg Saar-Hunsrück-Steig verbindet
Mosel, Saar, Hunsrück und Rhein miteinander. Einfach so losgehen? Solo? Klar
doch! Egal, was andere sagen. Man muss
ihn ja nicht gleich an einem Stück laufen.
Erst mal zwei Tage und 24 Kilometer –
zum Eingewöhnen.

#Solotrip #Trekking #IchZeit #einfachmachen #WaldundWiesen

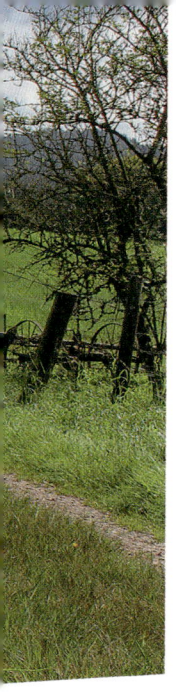

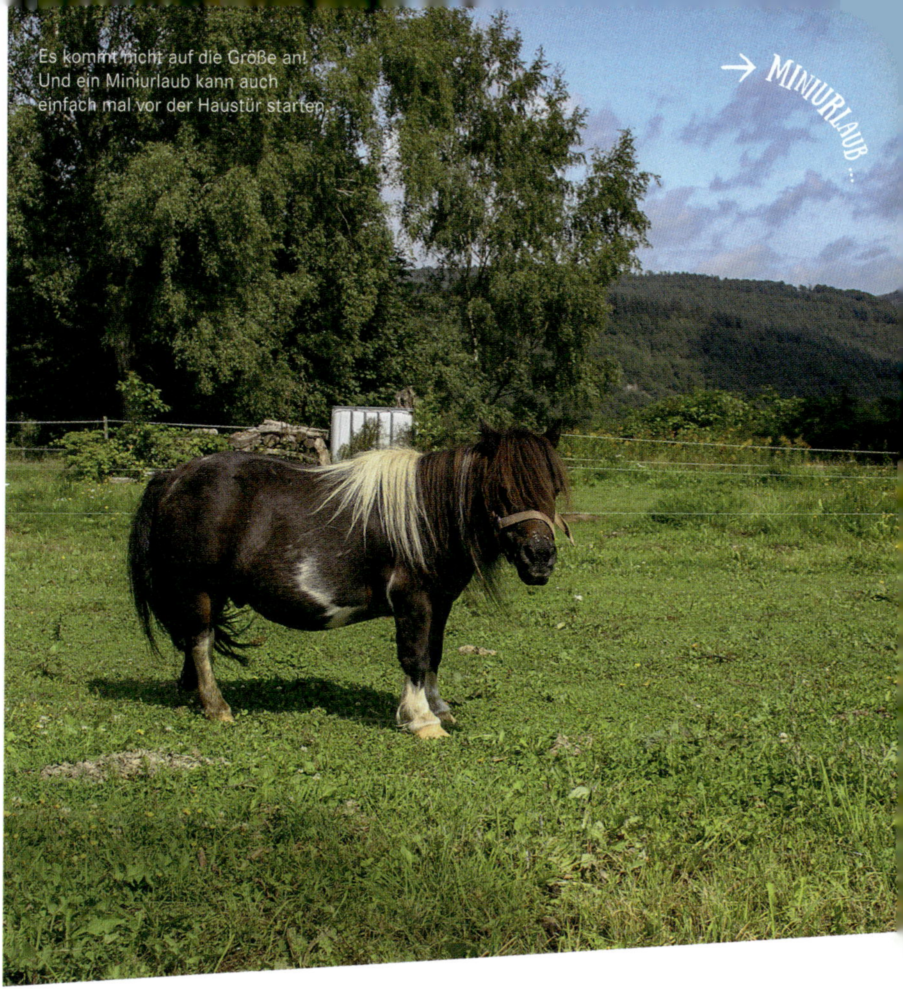

Es kommt nicht auf die Größe an! Und ein Miniurlaub kann auch einfach mal vor der Haustür starten.

Am 1,5 Kilometer vom Bahnhof Mettlach entfernten Schloss Ziegelberg mit seinem sehenswerten Park einen letzten Blick hinab auf die Saar und die Vorzüge des täglichen Lebens werfen. Dann beginnt das Abenteuer.

Der große Trip im Miniformat führt zwar nicht in die Wildnis Amerikas. Dafür verlangt er auch keine Auszeit von mehreren Monaten. Fürs Erste reicht eine zweitägige Eskapade durch den Schwarzwälder Hochwald.

In Serpentinen dem schmalen Pfad über Waldboden hinauf folgen. Zwischen den Baumwipfeln die freie Sicht auf das Mettlacher Tal genießen. Achtung, beim Passieren der moosbewachsenen Felsen die Schultern zusammenziehen.

Oben bietet sich freie Sicht auf leuchtend grüne Kuhweiden, Apfelbäume und Maisfelder. Bergkuppen mit Nadel- und Laubbäumen, davor die Giebeldächer des Ortes Saarhölz-

Ein ganz neues Erlebnis: einfach einen Rucksack mit dem Wichtigsten packen, zu Fuß losziehen und zum ganz persönlichen Solotrip aufbrechen.

bach. Vom Forstweg geht es zurück in den Wald. Dem Bachlauf durch den schönsten Streckenabschnitt der ersten Etappe folgen. Die Wanderschuhe sinken im matschigen Untergrund ein, quietschen bei jedem Schritt.

Die Fingerspitzen streicheln über knubblige Steine, überzogen mit feuchtem Moos. Überall steht Glücksklee – darunter sicherlich ein vierblättriges Exemplar. Ein traumhaft schönes Tal, das man ungern verlässt.

Auf dem rund zwölf Kilometer langen Weg erinnern Grenzsteine an den ehemaligen Grenzverlauf, als das Saarland, damals Saargebiet, nicht zu Deutschland, sondern zu Frankreich gehörte. Die letzten Kilometer führen bergauf bis zum Etappenziel Britten, das auf 432 Meter Höhe liegt. Belohnt wird die Mühe des Aufstiegs mit einem grandiosen Panorama über den Naturpark Saar-Hunsrück.

Die zweite Etappe führt mitten durch den Schwarzwälder Hochwald, der sich über den südwestlichen Hunsrück erstreckt. Mit seinen 816 Metern ist der Erbeskopf die höchste Erhebung in Rheinland-Pfalz (Eskapade #45). Ganz so hoch führt diese Wanderung nicht. Das sanfte Auf und Ab ist ein gutes Training. Über Bergwiesen, an Weihern und dem Örtchen Bergen vorbei geht es weiter hinauf, am Rotenbach und der Landesgrenze zwischen Saarland und Rheinland-Pfalz entlang. Ein ehemaliger Steinbruch verführt zum Stapeln: Überall stehen Steintürmchen.

Unterwegs laden Bänke zum Rasten, Verweilen und Austausch mit anderen Wanderern ein. Man könnte ein Stück zusammen gehen. Später ein gemeinsames Abendessen im Brauhaus am See? Oder auf eine Runde Minigolf? Warum nicht?! Vielleicht tut aber das Alleinsein gerade gut, dann läuft man die restlichen acht Kilometer bergab für sich. Auch kein Problem, Wanderer verstehen das.

Unten angekommen, erst mal raus aus den Schuhen und über den Barfußpfad und durchs erfrischende Wasser der Kneippanlage waten. Dann das Wanderoutfit gegen Badesachen tauschen. Es ist Zeit für Tretbootfahren und einen Sprung in den See (Eskapade #21), bevor es nach Hause geht.

Der Naturpark Saar-Hunsrück ist bestens auf Wanderer eingestellt. Verlaufen ist fast unmöglich, dafür bleibt viel Zeit, den Blick auf die heimische Flora zu richten.

FAZIT: DER SAAR-HUNSRÜCK-STEIG EIGNET SICH MIT SEINEN FLEXIBLEN EINSTIEGEN PRIMA FÜR SOLOWANDERER.

Hin & weg: Etappe 3 (erster Tag) startet am Bahnhof Mettlach, Etappe 4 (zweiter Tag) endet am Wander-Info-Zentrum am Stausee Losheim. Busverbindung ab Losheim Zentrum zurück nach Merzig (Zuganbindung). Insgesamt 27 Etappen führen von der Mosel über den Hunsrück an den Rhein (Infos zu Etappen auf www.saar-hunsrueck-steig.de).

Beste Zeit: März–Oktober. Nach starken Regenfällen ist es ziemlich matschig.

Dauer & Strecke: 2 Tage, reine Gehzeit 2-mal ca. 4 Std. Insgesamt 24 km.

Ausrüstung: Wettergemäße Kleidung, knöchelhohe Wanderschuhe, ggf. Gehstöcke und alles, was man für eine Übernachtung braucht. Der Steig ist sehr gut beschildert.

Wenn es Nacht wird: Direkt am Steig liegt der Campingplatz Landgut Girtenmühle in Britten. Wer mag, bringt ein eigenes Zelt mit. Wesentlich komfortabler ist eine Nacht in einer finnischen Kota, einem Weinfass oder einem Glamping-Zelt (www.landgutgirtenmuehle.de).

IMMER DER MUSCHEL NACH

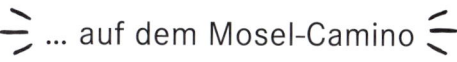 … auf dem Mosel-Camino

#49

Ob aus religiösen Gründen, sportlichem Ehrgeiz oder purer Neugierde – beim Pilgern auf dem Jakobsweg ist der Weg das Ziel. Einfach mal zur Probe der gelben Muschel vor blauem Hintergrund in Richtung Santiago de Compostela folgen. Zu Fuß. Zwei Tage lang. Zwischen Koblenz und Trier.

Beim Pilgern suchen manche nach dem Sinn des Lebens. Andere verarbeiten vielleicht einen Schicksalsschlag, brauchen Zeit zum Nachdenken oder wollen einfach dem Alltagstrott für eine Weile entfliehen. Hier gibt es keine Termine und Verpflichtungen. Die einzige Aufgabe besteht darin, einen Fuß vor den anderen zu setzen.

Zuerst ist eine Bundesstraße zu überqueren, dann folgt der erste steile Anstieg – eine harte Probe. Bis zum Etappenziel sind es etliche Höhenkilometer, die hinauf in den Hunsrück oder die Eifel führen, die Mosel als Wegbegleiter. Der Weg verläuft durch enge Täler, Weinberge, an Kirchen, Burgen und Schlössern vorbei und durch gesellige Winzerorte. Waldwege sind eine Wohltat, Pflastersteine und Asphalt eine Qual. Glaube und Willenskraft? Förderlich.

Ungefähr 160 Kilometer lang ist der Mosel-Camino. Der Startpunkt befindet sich in Koblenz-Stolzenfels, das Ziel ist das Apostelgrab

Hin & weg: 160 km Fernwanderweg, 8 Tagesetappen, alle mit öffentlichen Verkehrsmitteln erreichbar (Fahrpläne auf www.vrt-info.de).

Beste Zeit: Ganzjährig. Im Sommer ist es die Hitze, im Winter die Nässe, die das Pilgern erschwert.

Dauer & Strecke: Mind. 2 Tage. Die Etappen sind zwischen 14 und 26 km lang. Gehzeiten zwischen 5 und 8 Std. Hier beschrieben: Etappe 4 (7–8 Std., 23,5 km) und Etappe 5 (5–6 Std., 17,5 km).

Ausrüstung: Eingelaufene Wanderschuhe, leichtes Gepäck, Sonnenschutz, Ohrstöpsel, Blasenpflaster. Fürs Gefühl: Pilgerausweis.

Wenn es Nacht wird: Klöster, Bildungsstätten, Jugend- und Pilgerherbergen heißen Pilger willkommen es gibt auch hundefreundliche Unterkünfte (Infos zum Mosel-Camino mit Etappen und Unterkunftsvorschlägen auf www.mosel-camino.info).

Es muss ja nicht gleich Santiago de Compostela sein. Fürs Erste der gelben Muschel auf dem Mosel-Camino und den Pflastersteinen folgen, hier mit Blick auf die Burgruine Landshut in Bernkastel-Kues.

des heiligen Matthias in Trier. Extrakilometer sind möglich, beispielsweise zur Burg Eltz (Eskapade #1) oder zu einer Weinprobe (Eskapade #50). Zum Testen eignet sich der Abschnitt zwischen Bullay und Monzel gut. Übernachtet wird in der Pilgerherberge Alte Lateinschule in Traben-Trabach (www.alte lateinschule.com).

Am besten schon am Vorabend nach Bullay reisen. So steht einem ausgeschlafenen Start am nächsten Tag nichts im Weg – auch keine Zugverspätung. Es sind immerhin 23 Kilometer bis zum Nachtquartier. Früh loszuziehen ist ratsam, damit sich Körper und Geist auf das Vorhaben einstellen können.

In Bullay geht es zunächst über die Doppelstockbrücke auf die andere Moselseite. Dem markierten ansteigenden Weg hinauf zur Marienburg folgen oder gleich in die Vollen und durch die »Hölle« – zum Glück nur ein Weinberg – hinauf zum Prinzenkopfturm gehen. Die Aussicht auf die Zeller Moselschleife ist grandios.

Der Aufstieg in den Hunsrück auf 409 Meter Höhe ist knackig. Aber in Wald und Weinbergen lässt sich fern vom weltlichen Trubel am Fluss durchatmen. Durch die »Himmelspforte« schreiten, um den freien Blick auf die Grevenburg und die Stadtteile Traben und Trabach zu genießen. Die Pilgerherberge ist ein ruhiger Ort direkt neben der Kirche. Bei einem Glas Riesling und Lagerfeuer ergeben sich Gespräche mit Gleichgesinnten und Bettnachbarn wie von selbst. Geschlafen wird gemeinsam auf dem Dachboden.

Was machen die Füße? Wie steht es um den Muskelkater? Alles halb so wild, oder? Das stärkende Frühstück am nächsten Morgen ist jedenfalls nötig. 300 Höhenmeter auf den ersten drei Kilometern – die heutige Etappe startet gleich sportlich. Doch nach Bernkastel-Kues ist dies der kürzeste Weg, und man schafft es einmal über den Berg in sechs Kilometern anstatt in 23.

In Bernkastels Altstadtkern mit pittoresken Fachwerkhäusern und Weinstuben fällt das Loseisen schwer. Vielleicht ist man aber auch ganz bei sich und möchte immer weiterlaufen? Bis Monzel sind es rund elf – weitgehend flache – Kilometer an der Mosel entlang mit einem kurzen Anstieg zum Schluss.

FAZIT: MEHR ALS ZWEI GESUNDE FÜSSE BRAUCHT ES NICHT, UM DIE PERSÖNLICHE SUCHE AUF DEM PILGERWEG ZU STARTEN.

ZU GAST IM WINZERHÄUSCHEN

 ... in Longuich

In Reih und Glied ziehen sich Reben entlang der Mosel, mal mehr, mal weniger steil, hinauf bis zum Hunsrück. Zweitausend Jahre Weinanbau hinterlassen Spuren. Um die Liebe zu Schiefer und Traube zu verstehen, einfach ein paar Tage auf einem Weingut verbringen – Bett und Frühstück inklusive.

#Herbstzeit #Moselwein #Weinprobe

Die Kirche St. Laurentius, umgeben von Weinbergen, macht das Postkartenmotiv perfekt.

Bei Anreise mit dem Rad empfiehlt sich der Bahnhof in Konz als Start dieser Eskapade. Die Flussbrücke zwischen Jachthafen und Campingplatz überqueren, am linken Moselufer gen Norden fahren. Die Route führt am Schloss Monaise, der Schiffsschleuse in Trier und unter der Römerbrücke hindurch an Pfalzel vorbei. In Kirsch den Moselradweg verlassen. Vom Flussufer in die Paulinusgasse und den Kirchenweg abbiegen, um zum WeinKulturgut Longen-Schlöder zu gelangen. Das Rad draußen vor der Vinothek parken und schnell rein ins Warme.

Zur Begrüßung ein Glas Winzersekt? Erfrischt und aufgewärmt, kann man nun einen Blick auf die Winzerkarte fürs Abendessen werfen. Die Auswahl reicht von Salat mit gratiniertem Ziegenkäse über Trester-Steak mit Bratkartoffeln bis zur Käseplatte. Dazu passt natürlich

Die schwarzen Schieferhäuschen des Weinguts Longen ergeben einen wunderbaren Kontrast zur blühenden Umgebung.

Bei regnerischem Wetter mag man das Winzerhäuschen nur ungern verlassen und dreht sich lieber noch einmal um.

Nach dem Frühstück heißt es: Füße in die Wanderschuhe stecken und auf Erkundungstour durch Longuich gehen, den Verkehrslärm des Autobahndreiecks Moseltal hinter sich lassend. Es geht zur römischen Villa Urbana, einer rekonstruierten Stadtvilla aus dem 2. Jahrhundert, und anschließend durch Weinberge und alte Baumbestände zum Longuicher Sauerbrunnen. Hier sprudelt mineralhaltiges Wasser aus dem Boden. Allerhand Verführungen warten am Wegesrand: knackig rote Äpfel, Haselnüsse, dunkelblaue und hellgrüne Weintrauben. Auf der Ruhebank schmeckt das mitgebrachte Vesperpaket, während der Kopf die vielen Eindrücke verarbeitet und ein neues Verständnis für ein

ein Riesling, nur welcher? Entweder danach entscheiden, welches Etikett gefällt. Die Jahrgangsbesten zieren Werke von Künstlern und Karikaturisten. Oder man überlässt die Auswahl dem Winzerehepaar Sabine und Markus Longen, bis die nötige Bettschwere eintritt. Das kann auch schon mal so früh sein, dass sogar die Acht-Uhr-Nachrichten ausbleiben. Wohl auch, weil es – zum Glück – kein TV im Nachtquartier gibt.

Außen Schiefer, innen Holz: Übernachtet wird in einer modernen Variante eines Weinberghauses. Üblicherweise dienen diese als Aufbewahrungsort von Werkzeugen oder als Unterschlupf bei Unwetter in den Weinbergen. Hier jedoch finden Wanderer, Radfahrer und Genießer zwischen Streuobstwiesen eine wohlig warme Hütte mit eigener Terrasse vor.

Hin & weg: Mit Bahn & Bike nach Konz, dann knapp 25 km entlang der Mosel, an Trier vorbei bis nach Kirsch radeln. Alternative Anreise zu Fuß: Der Moselsteig verbindet Trier und Schweich (Etappe 5). Von Schweich sind es zwei weitere Kilometer bis zum Weingut. Mit Bus und Auto über die A1/L145.

Beste Zeit: Ganzjährig. Besonders reizvoll zur Weinernte, gemütlich im Winter.

Dauer: 2 Tage, ein verlängertes Wochenende oder länger.

Ausrüstung: Wer mag, Rad und Wanderschuhe. Habseligkeiten für ein Wochenende plus Moselkrimi. Ein bisschen Platz im Gepäck für Mitbringsel wie Wein, Sekt, Likör, Traubensaft oder Schokolade.

Wenn es Nacht wird: Mehr über die Winzerhäuschen der Familie Longen-Schlöder ist auf www.longen-schloeder.de nachzulesen.

Zuerst ein Abstecher zur römischen Villa Urbana und am Abend ein schmackhaftes Winzeressen – was braucht es mehr zum Abschluss eines gelungenen Urlaubstages?

Handwerk entwickelt, welches das Gesicht der Mosel formt wie kaum ein anderes.

Tipp: Das Besucherbergwerk in Fell ist ein ehemaliges Schieferbergwerk. Von April bis November (Öffnungszeiten unter wp.berg werk-fell.de) können die Stollen unter Tage im Rahmen einer Führung besucht werden. Wanderwege führen rund um das Bergwerk durch dichte Wälder. Hin geht's mit dem E-Bike, Auto oder Taxi. Oder mit dem Schiefer-Express. Infos zum Fahrplan unter »Anfahrt« auf der Webseite des Bergwerks.

FAZIT: ERNTEN, KELTERN, VERKOSTEN — IN EDLEN TROPFEN STECKT HARTE ARBEIT. FASZINATION WEIN HAUTNAH ERLEBEN.

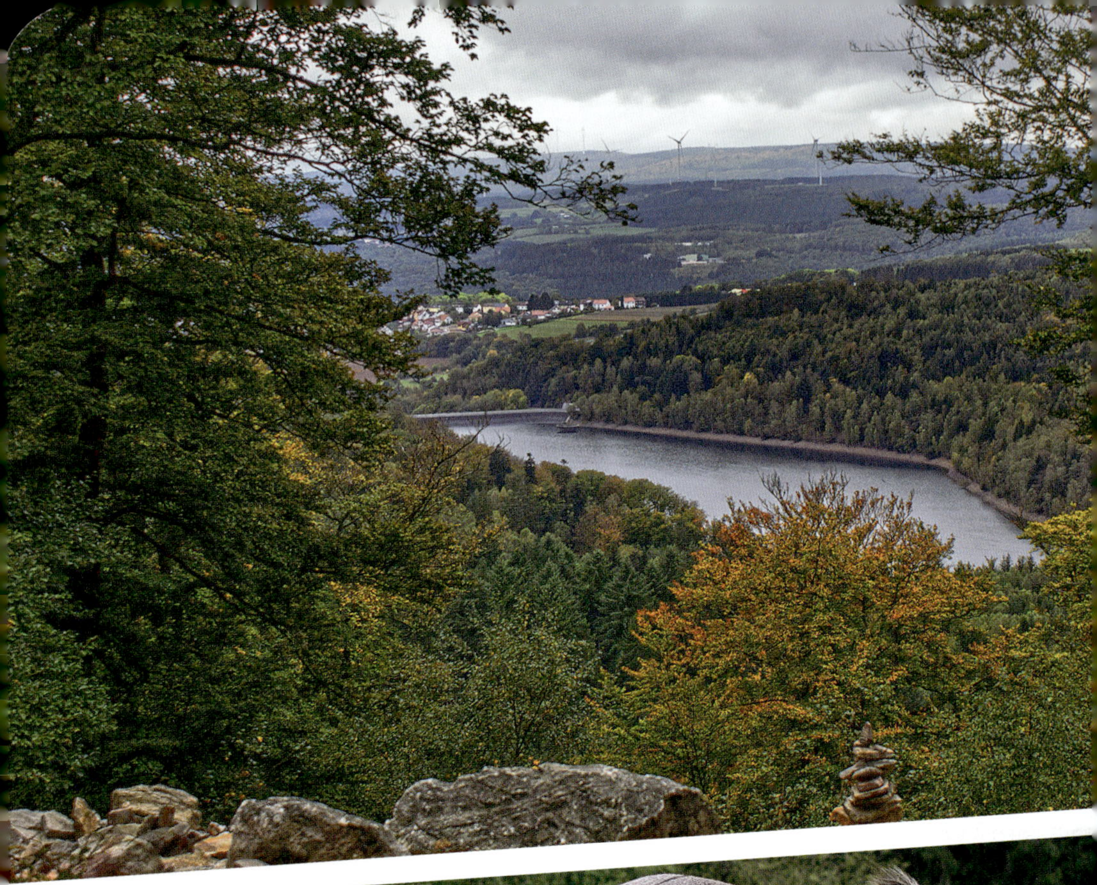

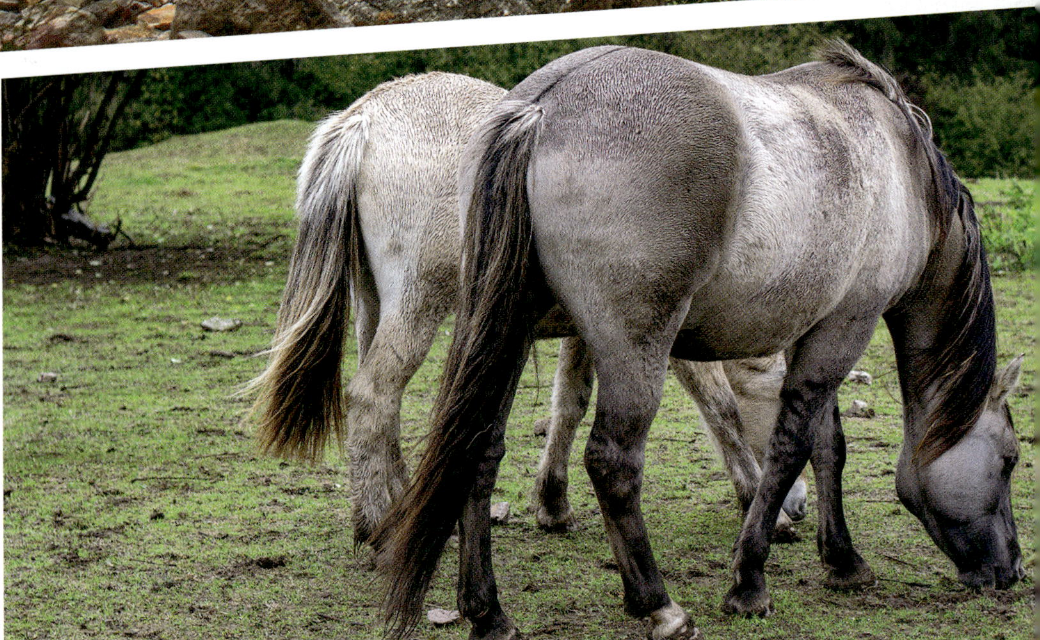

AUF ZEITREISE

⇒ ... rund um Otzenhausen ⇐

#51

Am Hang des Dollbergs liegt der keltische Ringwall, auch bekannt als Hunnenring. Das riesige Steinchaos ist Teil einer eindrucksvollen Befestigungsanlage aus der Eisenzeit. An zwei Tagen geht es beim Wandern und Reiten auf Zeit- und Entdeckungsreise durch den Nationalpark Hunsrück-Hochwald.

Eine ziemliche Kraxelei ist das. Es geht über graue Felsen, teils mit Moosteppichen überzogen, steil den Berg hinauf. Herabgefallenes Laub verdeckt mögliche Stolpersteine. Das Gestein, der Taunusquarzit, ist fest und spitz. Und ein Baumaterial, das seit Jahrtausenden genutzt wird und typisch für den Hunsrück ist. Oben angekommen, gönnt man sich erst mal eine Verschnaufpause auf dem Waldsofa. Die Hälfte der Wanderstrecke ist absolviert. Von hier aus hat man freie Sicht auf Wälder und die Oberfläche der Talsperre in Nonnweiler, einen wichtigen Trinkwasserspeicher für Rheinland-Pfalz und das Saarland.

Am ersten Tag geht es zu Fuß auf Erkundungstour. Start des etwa elf Kilometer langen Rundwegs ist die Köhlerhütte in Neuhütten am Fuße der Dollberge. Die Dollberge sind ein

Grau ist hier nicht nur der Wildfang. Taunusquarzit in allen möglichen Formen bedeckt den Waldboden. Da ist ein wenig Klettern angesagt.

lang gestreckter Bergzug, der sich von Südost nach Nordwest, vom nördlichen Saarland bis nach Rheinland-Pfalz zieht. Die erste Etappe führt am Waldrand entlang, dann über die L166 und über Wiesen hinein ins Altbachtal. Sehenswert ist das Industriedenkmal Züscher Hammer, ein Eisenhüttenwerk aus dem 17. Jahrhundert.

Weiter geht's zur Talsperre, zwei Kilometer auf einem breiten Naturweg am südlichen Ufer entlang, bis der Weg abzweigt und am Kloppbruchweiher vorbei zum Waldparkplatz Hunnenring in Otzenhausen führt (alternativer Startpunkt für eine verkürzte Tour). Auf der gegenüberliegenden Straßenseite befindet sich ein Keltenpark mit Keltenmuseum und Infozentrum. So soll das Keltendorf innerhalb des Ringwalls auf dem Dollberg also vor mehr als 2000 Jahren ausgesehen haben. Neugierig? Infos und Öffnungszeiten sind auf www.keltenpark-otzenhausen.de abrufbar.

Das Highlight des heutigen Tages? Eindeutig die Begehung der aufgeschichteten Befestigungsanlage. Eine Steintreppe neuerer Zeit führt bis auf zehn Meter Höhe. Infotafeln beschreiben das Zeitgeschehen der Kelten. Zurück zum Ausgangspunkt geht es über den Gipfel des Dollbergs auf 692 Meter Höhe hinab nach Neuhütten.

Kelten werden nicht nur hervorragende Fähigkeiten als Ackerbauern, Viehzüchter und Eisenschmiede nachgesagt. Sie gelten auch als Reitervolk, in dessen Alltag und Mythologie Pferde eine besondere Rolle spielten. Wer keine Pferdehaarallergie besitzt, übernachtet

stilecht auf einem Reiterhof. Geführte Ausritte, die von einigen Stunden bis zu mehreren Tagen dauern können, führen durch die umliegenden Wälder. Für alle, die nach etlichen Jahren mal wieder auf einem Pferderücken sitzen, fühlt sich das vielleicht eher nach Schaukeln als nach bequemem Sitz an. Doch je mehr Tier und Mensch lernen, einander zu vertrauen, umso geschmeidiger geht der Ritt voran. Haben sie sich erst einmal richtig angefreundet, galoppieren sie glücklich zusammen durch Wälder und Täler.

FAZIT: DURCH WÄLDER STREIFEN, BEIM STRIEGELN DEN ALLTAG VERGESSEN. DAS TUT KÖRPER UND SEELE GUT.

Hin & weg: Mit dem Bus R200 (Strecke Trier–Türkismühle) mit Halt am Ringwall Otzenhausen. Wanderparkplätze am Parkplatz Köhlerhütte in Neuhütten und an der L 147 Otzenhausen/Hunnenring.

Beste Zeit: Ganzjährig.

Dauer & Strecke: Mind. 2 Tage, Rundweg ca. 4 Std.,12 km. Pferdebesitzer finden auf www. hunsrueck-zu-pferd.net Tourenvorschläge für Wanderritte und pferdefreundliche Gaststätten.

Ausrüstung: Wanderschuhe. Wettergemäße Kleidung, die auch dreckig werden darf. Lesestoff. Handyempfang und Internet quasi nicht vorhanden. Herrlich!

Wenn es Nacht wird: Der Reit- und Bauernhof Altasilva/Rosenhof in Züsch bietet ganzjährig Wanderritte und Reitunterricht in freier Natur an. Gäste übernachten in einer Blockhütte, in den Reiterferien gibt es für Kinder eine eigene Blockhütte mit Stockbetten (www.hof-altasilva.org). Wer es nicht ganz so rustikal mag: Landhaus Spanier in Otzenhausen (www.landhaus-spanier.de) – mit Blumenladen, Café-Brasserie und Gästezimmern.

UNTERM HIMMELSZELT

 ... im Naturpark Soonwald-Nahe

#52

Mitten im Wald übernachten. Unterm Sternenhimmel einschlafen. Im Zelt oder Biwak aufwachen. Was in Deutschland generell verboten ist, wird in Trekkingcamps legal: Campen im Wald zwischen Kirn und Bingen am Rhein. Wie man hinkommt? Nur zu Fuß, per GPS und mit Landkarte. Was für ein Abenteuer!

#Trekkingtour #Sternehotel #SurvivalCamp

Im Wald campen? Trekkingcamps im Soonwald, darunter die Schmidtburg, machen es möglich.

Das Nachtquartier kommt näher, die Aufregung steigt. Wie wird die Nacht im Camp? Wird noch jemand da sein? Reicht mein Wasser für einen Espresso am Morgen? Die Gelenke sind müde, die Schultern wollen sich von der Last befreien. Im Trekkingrucksack findet sich alles für ein paar Tage im Wald: Schlafsack, Isomatte, Proviant. Keine Lust auf Stangengewirr? Dann ein Tarp mitnehmen. Die Plane dient als Unterschlupf, Wind- und Regenschutz. Eine völlige neue Dimension des Übernachtens unter freiem Himmel. Der Bahnhof und das Städtchen Kirn, Startpunkt der ersten Etappe auf dem Fernwanderweg, liegen etwa 14 Kilometer entfernt.

Bisher verläuft der Weg am Hahnenbach entlang. Sportlich führt er bergauf und bergab, zur Burg Kallenfels und zum Schloss Wartensein. Kurz hinter dem Ort Hahnbach liegt der höchste Punkt der Tagestour (355 Meter). Da kommt man ordentlich ins Pusten. Die Tages-

Die Ruinen der Schmidtburg sind ein beliebtes Ausflugsziel – eine Nacht dort zu verbringen ist ein ganz besonderes Walderlebnis.

denbach den Kopf einziehen. Herrlich kühl ist es im Inneren des Bergs. Rostige Schienen erinnern an das Grubenzeitalter. Jetzt folgt nur noch ein steiler Anstieg, dann endlich ist man da!

Die Ruinen der Schmidtburg liegen gut versteckt im Wald. Unten plätschert der Hahnenbach. Oben auf der Burg wimmelt es an Wochenenden und in den Ferien von Wanderern. Sie sind entweder unterwegs auf dem Saar-Hunsrück-Steig oder der Traumschleife Hahnenbachtaltour.

Das Aufschlagen des Nachtlagers und Ausrollen von Isomatte und Schlafsack zwischen den mittelalterlichen Mauerresten könnte durchaus für erstaunte Gesichter bei den anderen Besuchern sorgen. Fürs erste Trekkingcamp fühlt sich das hier gar nicht schlecht an – man ist nicht allzu weit von der Zivilisation enfernt, aber doch weit genug weg von Autolärm und Stadtlichtern.

etappe könnte auch mit gutem Recht den Namen Zickzacktour tragen. Auf schmalen Pfaden und federndem Waldboden geht's die nächsten Kilometer hinab ins Tal. Achtung, beim Durchqueren der Felsentunnel bei Bun-

Ein schönes Plätzchen fürs Nachtlager aussuchen, Isomatte und Schlafsack ausrollen und auf den Einbruch der Dunkelheit warten.

Das Lagerfeuer fällt bei Waldbrandgefahr aus. Statt Candle-Light-Dinner gibt's Vollmondsnacks. Nach so einem erlebnisreichen Trekkingtag heißt es nun schnell in den Schlafsack krabbeln. Noch kurz ein Blick in den Nachthimmel, dann klappen die Augenlider plötzlich bleischwer zu.

An das Aufwachen im Wald und Sich-Ausstrecken in der frischen Luft könnte man sich gewöhnen. Zähne putzen, dann alles einpacken. Den Müll natürlich auch! Das Nachtlager im Rucksack verstauen und auf zum nächsten Trekkingcamp. Es geht immer tiefer hinein in den Wald – und ins nächste Abenteuer!

Hinweis für Abenteurer: unterwegs kein Trinkwasser, keine Verpflegungsmöglichkeiten und garantiert kein Handyempfang.

FAZIT: DANK TREKKINGCAMPS VÖLLIG LEGAL – DAS CAMPEN IM WALD. SO FÜHLT SICH ABENTEUER AN!

Hin & weg: Nur zu Fuß! Die 4 Trekkingcamps im Naturpark Soonwald-Nahe liegen zwischen Kirn und Bingen. Die Koordinaten, Tourenvorschläge und Infos gibt's nach Buchung (www.soonwaldsteig.de).

Beste Zeit: April–Ende Oktober. Wettervorhersage beachten, lieber nicht bei Sturm, Gewitter und Eis.

Dauer & Strecke: Mind. 2 Tage (15–29 km pro Tag). Ganze Soonwalddurchquerung 4–5 Tage (84 km).

Ausrüstung: Wanderschuhe, Trekkingstöcke, Zelt/ Tarp, Schlafsack/Biwak, Isomatte. Ausreichend Trinkwasser und Essensvorräte. GPS und Wanderkarte, Mücken- und Zeckenschutz im Sommer.

Wenn es Nacht wird: Unbedingt ins Trekkingcamp!

SONST NOCH WICHTIG

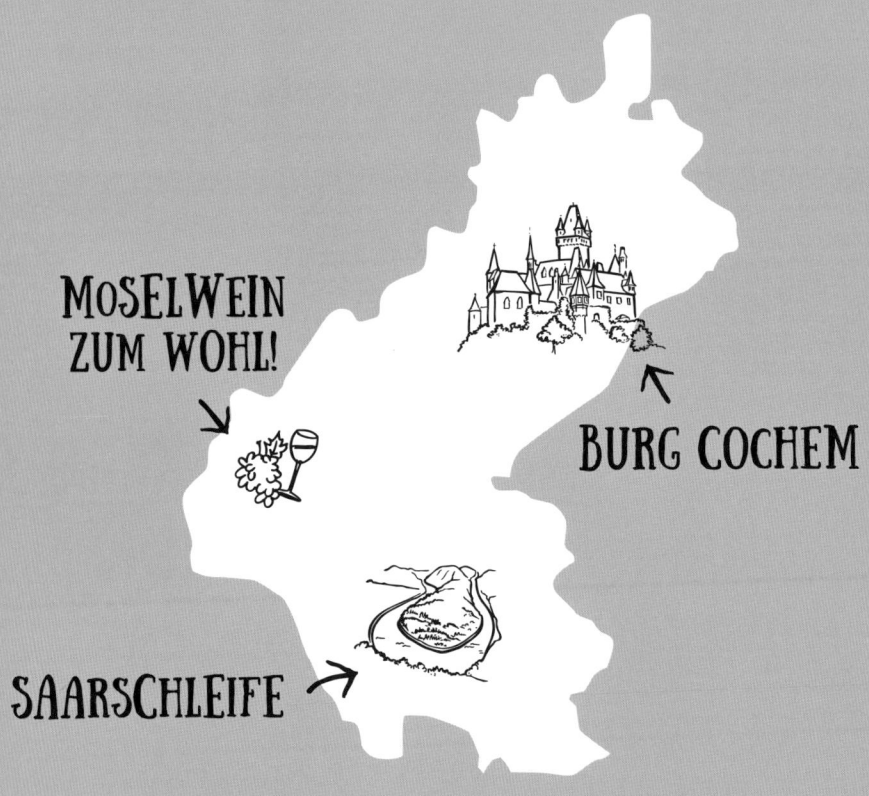

MOSELWEIN
ZUM WOHL!

BURG COCHEM

SAARSCHLEIFE

Ein- und Überblick

*Karten für den schnellen Überblick, prakti-
sche Tipps, mehr über die Autorin sowie ein
Ortsregister zum schnellen Nachschlagen
gibt es auf den folgenden Seiten.*

GPX-Download aufs Smartphone – so geht's

Voraussetzung:

Eine Outdoor-App muss installiert sein, z. B. KOMPASS, Outdooractive oder komoot. Zum Einlesen des QR-Codes benötigen Android-Geräte eine QR-Code-App. Bei iOS-Geräten ist diese Funktion in der Kamera integriert.

Daten downloaden:

1. Den QR-Code einlesen oder die Webadresse im Browser eingeben, um auf die Eskapaden-Website zu gelangen.
2. Die gewünschte Tour zum Download anklicken.
3. Bei iOS-Geräten werden die GPX-Daten direkt mit der vorab installierten App verknüpft. Bei Android-Geräten muss ggf. noch ein Weiterleiten-Button geklickt werden (z. B. oben rechts im Display). Manche Apps zeigen den Tourverlauf starr an, andere verfügen über eine Navigationsfunktion.

Tourenverlauf

GPX-Daten zum
kostenlosen Download
www.dumontreise.de/
eskapaden/mosel-saar-hunsrueck

short.travel/8juvj

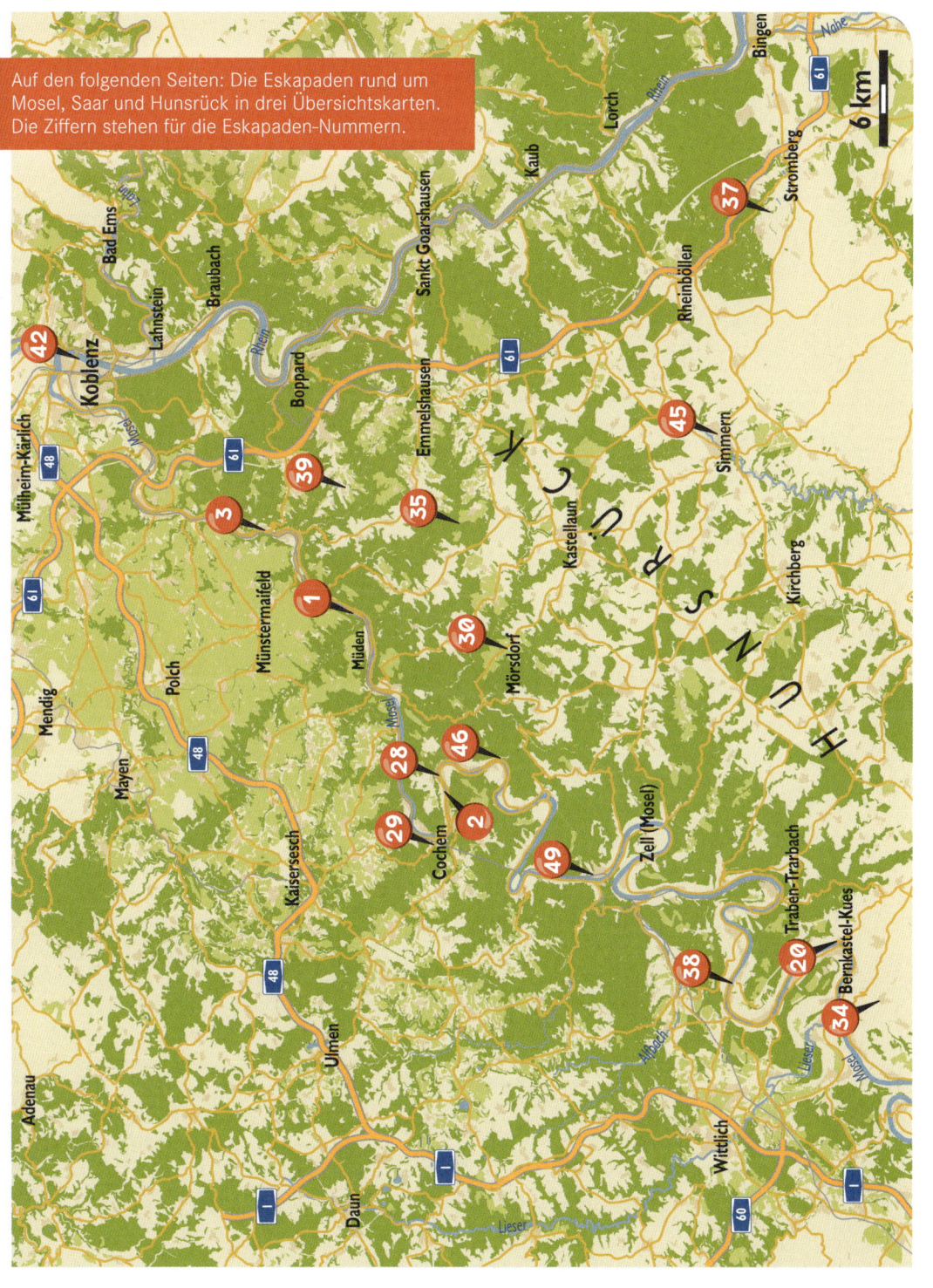

Auf den folgenden Seiten: Die Eskapaden rund um Mosel, Saar und Hunsrück in drei Übersichtskarten. Die Ziffern stehen für die Eskapaden-Nummern.

NOCH MEHR ESKAPADEN ...

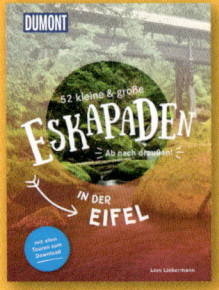
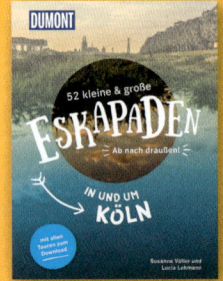
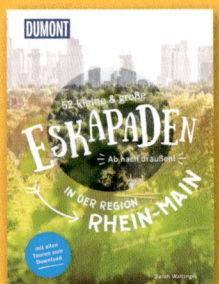

ISBN 978-3-7701-8070-7   ISBN 978-3-7701-8073-8   ISBN 978-3-7701-8091-2

 ... erhalten Sie im gut sortierten Buchhandel
und unter www.dumontreise.de

IMPRESSUM

Reihenkonzept Monique Sorban

Projektmanagement Svenja Heinle

Cover-/Buchgestaltung & Illustrationen Carolin Weidemann, Köln, www.weidemann-design.com

Layout & Satz Sieveking · Agentur für Kommunikation, München, www.sieveking-agentur.de

Lektorat Julia Gilcher, Mainz, www.wordsinflow.de

Texte & Fotos Sonja Anwar, Hamburg, mit folgender Ausnahme: iStock.com/Andreas Prott (Titelseite)

Kartografie © KOMPASS, Innsbruck, unter Verwendung von Kartendaten von OpenStreetMap, Lizenz CC-BY-SA 2.0

Printed in Poland

1. Auflage 2020
© 2020 DuMont Reiseverlag, Ostfildern
ISBN 978-3-616-11003-5

www.dumontreise.de

MIX
Papier aus verantwortungsvollen Quellen
FSC® C018236

love
Freiheit.

Weiterlesen

Krimis wie »Hunsrück Blues«, »Mary Plotfire« oder »Moselwunder« lesen sich hier erst richtig gut. Zur fotografischen Einstimmung die Bildatlanten von DuMont. Prospektservice ist auf www.saar-hunrueck-steig.de, www.mosellandtouristik.de und www.hunsruecktouristik.de verfügbar.

Geschmacks-sachen

Eine Spezialität im Hunsrück sind gefüllte Kartoffelklöße (Eskapaden #25 und #35). Im Saarland gibt's Schwenker und Sterneküche. Moselwein schmeckt am besten beim Winzer (#50). Vieles stammt von heimischen Bauern und aus Manufakturen (#41). Wohin mit den Extrapfunden? Ab zur nächsten Eskapade.

Ohne Auto

Entlang der Flüsse braucht es kein Auto, Bahn & Bus fahren regelmäßig (www.bahn.de). Freie Fahrt hat man mit der Saarland Card (www.urlaub.saarland). Das Rad kommt im Rad- und Wanderbus mit (www.regiorad ler.de in RLP). Bei der Taktung ist noch Luft nach oben, vor allem wochentags und in der Nebensaison. Zwischen Boppard und Emmelshausen fährt die Hunsrückbahn (www.hunsrueckbahn. de), ansonsten herrscht zugfreie Zone im Hunsrück. Ohne Auto geht es dorthin manchmal nicht oder nur mit sehr guter Planung. Sicherheitshalber Taxinummern speichern.

GUT ZU WISSEN …

Sicherheit & Notfälle

Im Notfall Euronotruf 112 wählen. Die Notrufnummer ist gebührenfrei, aus allen Netzen erreichbar. Feuerwehr und Rettungsdienste werden alarmiert.

Vor Ort im Netz

Ausflugstipps im Urlaubsmagazin auf www.gastlandschaften.de, in der Saarland-Touren-App, im Podcast »Rheinland-Pfalz erleben«. Fotoinspiration auf Instagram @germanroamers und @saarroamers.

ESKAPADEN-REGISTER ...

Alle Orte mit Seitenverweisen

SONJA ANWAR

⇒ ... über die Autorin ⇐

Sonja liebt Paddel, Schluchten, Pedale, Laubbäume und eine gemütliche Rast. Regelmäßig besucht sie Lieblingsorte wie die Saarschleife, Burg Thurant und den Nationalpark Hunsrück-Hochwald. Seit 2013 in Hamburg zu Hause, hat sie die Zelte in Merzig, ihrer alten Heimat, nie abgeschlagen. Hier stehen immer ein Paar Wanderschuhe parat für die nächste Erkundungstour zwischen Mosel, Saar und Hunsrück. Eine Region, die langsam aus dem Dornröschenschlaf erwacht und bei Naturliebhabern und Genießern immer beliebter wird. Auf ihrem Reiseblog www.delightfulspots.de teilt Sonja mit Familie, Freunden und Followern Tipps für eher unbekannte Orte.

Spaß pur

Eskapade #44: Auf Kanutour auf einem der schönsten Flussabschnitte der Saar. Mit Vogelbeobachtung, Teamarbeit, Paddelspaß. Ganz ohne Flusskreuzer, Sportboote und Binnenschiffe. Wann ist endlich wieder Sommer?

Zum Verlieben

Eskapade #37: Lange, dunkle Wimpern. Weiches Fell. Beim Lamatrekking sind die Tiere die Stars. Die Vierbeiner an der Leine durch den Wald zu führen ist ein tierisch schönes Erlebnis. Bleibt nur zu hoffen, dass keins abhaut!

5 BESONDERE EMPFEHLUNGEN ...

Ungezähmte Natur

Eskapade #39: Einfach dem Rauschen folgen – durch die wilde Ehrbachklamm. Der Kraft des Wassers lauschen, staunen, über schmale Pfade tänzeln und die Einsamkeit genießen. Herrlich!

Ausblick für alle

Eskapade #14: Einmal um den Berg herum, dann hinauf auf den Gipfel. Zu diesem Ausflug kommen alle mit, dank barrierefreiem Wanderweg, Aussichtsturm mit Aufzug und breitem Steg in den Himmel.

E-Bike sei Dank

Eskapade #41: Anstrengend war gestern. Dank Motorhilfe steht einem Radurlaub im Mittelgebirge nichts mehr im Wege. Vom Fluss in die Berge? Kein Problem! Dabei unterwegs so einzigartige Landschaften wie den Bliesgau entdecken.